Collège Saint-François-Xavier

de Besançon

Les Fêtes

du

Cinquantenaire

(1850-1900)

❦

3 décembre 1900

Collège Saint-François-Xavier

de Besançon

Les Fêtes du Cinquantenaire

(1850-1900)

❦

3 décembre 1900

PREMIÈRE PARTIE

COMPTE RENDU

DE

L'ASSEMBLÉE GÉNÉRALE ET DU BANQUET

de l'Association des anciens élèves.

(3 décembre 1900)

Les Fêtes du Cinquantenaire

du

Collège Saint=François=Xavier

1850-1900

——>•<——

Le XIXe siècle finissant a mis les centenaires à la mode. A-t-on voulu lutter contre la fuite rapide des jours en rappelant les années écoulées ; a-t-on cherché à revivre dans le passé les instants qu'emporte si vite le présent ? Toujours est-il que les centenaires se succèdent sans interruption. Napoléon, au pied des Pyramides, en voyait quarante qui le contemplaient. Les érudits en découvrent plus que les autres, ce qui leur permet de montrer qu'ils savent des choses que les simples ignorent. Et c'est une occasion pour plusieurs de paraître ou de banqueter ; et cela donne de la copie aux journalistes attitrés tout en mettant au désespoir les chargés de comptes rendus.

Mais il est des centenaires — voire des cinquantenaires — qu'on aurait quelque peine à justifier ; il en est d'autres qu'on aime à célébrer, parce qu'ils rappellent de grandes dates et marquent de longs dévouements. C'était un cinquantenaire de ce genre que le Collège catholique célébrait le 3 décembre 1900. Il y avait déjà cinquante ans, en effet, que Son Éminence le cardinal Mathieu, de vénérée mémoire, avait ouvert cette école, mettant l'un des premiers à profit la liberté récente accordée par la loi Falloux.

Cinquante ans, quel faisceau de labeurs peu vulgaires !
Jeunes, venez. Parlez, anciens.
Docteurs, magistrats, militaires,
Lettrés, commerçants, citoyens,
Elevés sur ces bancs, puis lancés dans le monde,
Ici l'on vous sacra dans l'étude féconde
Français d'élite et bons chrétiens.

Oui, notre ami Guichard avait raison. Ces souvenirs méritaient bien d'être placés sur des sommets que la crue de l'oubli ne devait pas atteindre ; et certes, le Comité des anciens fut bien inspiré, le jour où il résolut de donner à la réunion annuelle un éclat tout particulier. Il me serait impossible de rapporter les prodiges de zèle et d'activité déployés pour l'organisation de cette fête. Seul, le dévoué président de l'Association, M. l'abbé Louvot, le pourrait dire, si la part qu'il y a prise ne l'en empêchait. Et je m'en voudrais de passer sous silence M. l'abbé Turlin qui se chargea de la tâche ingrate — et méritoire — de lancer à tous les anciens élèves les convocations d'usage [1].

Mais, me direz-vous, pourquoi cette date du 3 décembre ? N'était-il pas à craindre que la tristesse de la saison ne jetât une ombre de deuil sur cette réunion joyeuse ? Les vivats des toasts pourraient-ils dominer la grande voix des rafales d'hiver ? Ce qui motivait ce choix, c'était la coïncidence de la fête du Collège, et comment mieux célébrer saint François-Xavier qu'en rappelant la protection accordée par lui à cette école, et en le priant de la continuer toujours ? Aussi bien, que parlé-je d'hiver ? Les vieux cloîtres se sont fleuris de gracieux massifs de plantes vertes. De légères guirlandes se balancent sous les arceaux, et les écussons des villes de Franche-Comté disent la bienvenue aux anciens qui arrivent de la Haute-Saône, du Doubs, du Jura et de la Côte-d'Or. Dès neuf heures du matin, c'est dans la maison toute joyeuse de répercuter tant

[1]. Voir la circulaire annonçant le programme des fêtes du cinquantenaire, p. 49.

d'échos, un continuel va-et-vient de visiteurs. On est heureux de revoir les classes où l'on fut écolier, les cours où l'on a joué enfant. Après quelques secondes d'une hésitation bien naturelle, on reconnaît un ancien camarade dont les années ont rendu la physionomie plus mâle ou l'embonpoint plus accentué. Et ce sont partout des exclamations joyeuses, de vigoureuses poignées de main, des questions sans fin auxquelles on ne se lasse pas de répondre. Ensemble on effeuille la guirlande, on respire le parfum des souvenirs d'enfance, ces souvenirs où sont nos impressions initiatrices, si vives et si profondes, que tout ce qui vient ensuite les renouvelle sans les dépasser. Auprès des costumes de fantaisie arborés par les jeunes, les graves habits noirs oublient un moment leur raideur officielle ; les dolmans de nos officiers de chasseurs ou de cuirassiers fraternisent avec les cabans d'artillerie à la grenade symbolique, et les brillantes aiguillettes de nos officiers d'état-major attirent et retiennent les regards de nos futurs saint-cyriens. Partout bien accueillis, les prêtres, anciens professeurs ou anciens élèves, circulent à travers les groupes, quand un cercle pressé ne s'est déjà pas formé autour d'eux. N'attendez pas de moi la liste complète de ceux qui ont assisté à la réunion : cette énumération dépasserait les limites de ma chronique ; et puis, le mode de développement par dénombrement étant un peu vieilli depuis Homère, on l'a généralement réservé à la littérature de catalogues. Ce qu'il importe de savoir, c'est que plus de deux cents anciens célébraient ensemble cette fête. Ce n'était pas toute la famille, sans doute ; mais c'était la famille magnifiquement représentée ; et toutes les générations d'élèves, tous les âges, toutes les carrières avaient tenu à honneur d'avoir au moins un délégué à notre assemblée générale.

A LA CHAPELLE

La cloche a interrompu les causeries. Il est dix heures. On se rend à la chapelle. Les fresques de M. Baille ont encore toute la vivacité de leur coloris; et sur le grand vitrail de fond, les saints et les saintes se détachent avec la même lumineuse netteté. Tandis que MM. les vicaires généraux, MM. les curés de la ville, MM. les anciens professeurs entrent processionnellement au sanctuaire, revêtus de leurs insignes canoniaux, tandis que nous nous inclinons avec respect sous la main bénissante de Mgr l'archevêque, un rayon de soleil qui vient frapper le buste de Mgr Besson fait briller une flamme en ses grands yeux; et l'on dirait vraiment que du fond de la tombe le Père ait voulu sourire à cette réunion qu'il eût été si heureux de présider.

M. l'abbé Janier, curé de Bouclans, célèbre la sainte messe : cet honneur revenait de droit au premier prêtre sorti du Collège catholique. Si l'attitude édifiante des anciens fut un enseignement pour les jeunes, la piété des jeunes fut un réconfort pour les anciens. Les générations d'écoliers se succèdent, pensait-on, mais le Collège demeure. Les flots se poussent les uns les autres, mais le fleuve ne cesse pas de couler. Et l'on se sentait fier d'appartenir à cette maison qui a déjà donné tant d'hommes au pays, tant de prêtres à l'Église, tant de soldats à la France. Et l'on devinait que les jeunes seraient dignes de leurs aînés. Le *Credo* que chantèrent à l'unisson toutes ces voix affirma l'unité des traditions et la communauté des espérances, et l'on eût dit que les mystiques sonorités de l'orgue fondaient en une supplication très douce les prières de toutes ces âmes.

La messe a pris fin. Mgr Petit s'approche de la table de communion. En disant les enseignements du cinquantenaire, il a voulu donner à son Collège diocésain une marque particulière de sa haute bienveillance, et nous ne saurions lui en témoigner trop de gratitude. Avec quel singulier bonheur d'expression ne montre-t-il pas qu'au milieu de l'universel écroulement des choses, durer cinquante ans est un honneur insigne. Parmi les transformations sociales qui se sont accomplies durant ce demi-siècle, le Collège est resté le même, comme si Dieu qui le protège lui avait conféré quelque chose de son immutabilité. « Qu'avez-vous fait pendant la Révolution? demandait-on un jour à Sieyès. — J'ai vécu, » répondit-il. C'est précisément ce qu'a fait le Collège en cette seconde moitié du XIXe siècle. Et cette persistance est encore une force : l'effort continu, quelque obscur qu'il paraisse, finit toujours par triompher. La goutte d'eau qui perle incessamment à la voûte de nos grottes de Franche-Comté devient la brillante stalactite, et ces stalactites, se multipliant, finissent par supporter la voûte qui leur a donné naissance. Ainsi les leçons tombées chaque jour des lèvres des professeurs de cette École ont formé les appuis de la société comtoise, et donné des assises à cette École elle-même.

L'ASSEMBLÉE GÉNÉRALE

A l'issue de la messe, on se réunit en assemblée générale, et bien des assemblées délibérantes pourraient envier le bel ordre de la réunion. M. l'abbé Louvot remercie les anciens d'avoir répondu si nombreux à l'appel du Comité ; il rappelle les deuils qui, cette année, ont affligé notre Association, et donne lecture des lettres des sociétaires absents [1]. Si la distance

---

[1]. Parmi ces lettres, signalons celles de Mgr Theuret, évêque de Monaco, et de MM. le général Jeannerod, commandant le 1ᵉʳ corps d'armée; le T. R. P. Le Doré, supérieur général des Eudistes; dom Léon Guerrin, coadjuteur de la Grande-Chartreuse; Mauris, directeur de l'exploitation des chemins de fer Paris-Lyon-Méditerranée; le R. P. Regnault; le chanoine Albert Sonnois, vicaire général de Cambrai; le colonel de Gérauvillier, directeur d'artillerie à Langres; le R. P. Pihéry;

sépare de nous les RR. PP. Coyer et Léon, l'un, premier supérieur eudiste du Collège, l'autre, directeur actuel de l'institution Saint-Sauveur de Redon, comme on sent bien que leur cœur vibre à l'unisson du nôtre ! Et M. le chanoine Moussard a su faire tenir en quelques lignes toute son affection pour notre vieux Catho. Des sympathies si chaudes sont une force; elles ennoblissent l'œuvre à laquelle elles vont spontanément, et l'on aime à se grouper en phalange compacte autour d'une école dont les récents succès assurent l'avenir. Sur cinquante-quatre élèves présentés aux différents examens, quarante-six ont été reçus ou admissibles. Les salves d'applaudissements qui accueillent cette communication montrent au R. P. Lucas, le distingué supérieur de l'École, que ses paroles ont été comprises : oui, tous les anciens tiendront à honneur d'être les parrains intellectuels des enfants qu'ils se choisiront pour successeurs sur les bancs du Collège. Le secrétaire, M. Antoine Saillard, lit son rapport où s'affirme une fois de plus la vitalité de l'œuvre [1], et nous apprenons avec satisfaction de la bouche de M. Paul Jacquin que le budget s'équilibre aisément, sans qu'il soit besoin de recourir le moins du monde aux centimes additionnels [2].

Allocution de M. l'abbé Louvot, président de l'Association

MESSIEURS ET CHERS CAMARADES,

Le comité de l'Association des anciens élèves m'a fait le grand honneur, auquel j'étais loin de m'attendre, de m'élire comme votre président triennal ! aussi, ma première parole aujourd'hui doit être l'expression de ma profonde gratitude. Je vois, dans cette enceinte, nombre de nos amis que leur âge, leur talent, leurs positions éle-

---

le R. P. Lefeuvrier, supérieur du collège de Valognes; le R. P. Louis Baille, S. J.; Pierre de Rotalier, élève à l'École centrale; Henri de Gérauvillier, élève à l'École polytechnique; Georges Girardot, le R. P. Boissel; Henry Leclerc, sous-lieutenant au 79e de ligne; Xavier Aubert.

1. Voir les procès-verbaux des séances du Comité, p. 51.
2. Voir l'état de la caisse au 3 décembre 1900, p. 54.

vées et leurs mérites désignaient à votre choix. Par quelle faveur m'avez-vous confié la périlleuse mission de tenir leur place? vous avez eu pour moi l'indulgence du cœur.

Oui, Messieurs, votre bon cœur vous a trahis : un regard jeté sur le passé suffit pour vous le démontrer et augmenter ma confusion de n'être point à la hauteur de mes prédécesseurs et de ma mission.

Cette année, vous avez voulu récompenser la fidélité et l'attachement que j'ai voués à cette chère maison. Je vous en remercie sincèrement, puisque vous me procurez la douce et double satisfaction de vous adresser les souhaits de bienvenue, et de vous dire combien votre présence nombreuse à cette réunion cimente de plus en plus les liens de fraternité qui existent entre vous. Je n'oublierai jamais que vous avez fait de moi le président de l'année mémorable du *Cinquantenaire* de notre bien-aimé Collège....

Déjà si vieille — et toujours si jeune — la chère maison où tant d'enfances se sont écoulées, où tant d'adolescences se sont formées! Suivant son cours impassible, le temps passe, mais ici, dans la résurrection du passé, les plus âgés rajeunissent, et cette maison paraît garder en elle une jeunesse immortelle.

Saluons avec joie, mes chers camarades, le couchant du premier demi-siècle de notre Collège. Aussi bien, c'est aujourd'hui un anniversaire heureux. Tout n'est-il pas au mieux, en effet, quand le souvenir du passé est si plein de charme ?

Le souvenir, ce sont les années d'enfance et de jeunesse si rapidement écoulées, si accessibles aux impressions, si portées à l'admiration de tout ce qui est noble et beau, si ouvertes à l'enthousiasme. Oui, le souvenir, c'est tout cela.

Mais le souvenir ne suffit pas en ce jour : un *Cinquantenaire* est aussi la fête de l'amitié et de la reconnaissance. *Souvenir, amitié, reconnaissance*, ce sont les trois fruits d'un même arbre, ou plutôt le souvenir en est la fleur : l'amitié et la reconnaissance en sont les fruits. Comment, en effet, se maintiennent les amitiés de l'enfance, les plus solides après celles de la famille, si ce n'est dans la communauté des mêmes sentiments, des mêmes labeurs, des mêmes jeux et dans leurs souvenirs ? L'amitié est vraiment la prolongation du souvenir, mais la *reconnaissance* en est le fruit le plus exquis. Pour moi, je le déclare, quand je revois cette maison, il me semble entendre des voix secrètes qui me rappellent les leçons de nos anciens maîtres, les principes qu'ils nous ont inculqués et qui ont été notre meilleure préparation aux luttes de la vie. La reconnaissance me paraît être le couronnement du souvenir.

En parcourant ces jours derniers la liste de nos sociétaires, en y lisant le nom de tant de camarades qui ont acquis par leur mérite une haute position dans l'armée, dans le clergé, dans les lettres ou dans les sciences, dans la magistrature, le barreau, la médecine, les arts, le commerce et l'industrie; je me disais : nous pouvons être fiers de notre vieux Collège, et nous avons le droit de compter que nos jeunes successeurs soutiendront dignement à leur tour l'héritage que tant de camarades distingués leur laisseront. Car, il ne faut pas nous le dissimuler, chaque année ajoute à nos pertes et à nos regrets.

Grâce à Dieu, notre Association n'a pas été très éprouvée pendant l'année qui s'achève. Depuis notre dernière assemblée générale, deux seulement de nos sociétaires ont rendu leur âme à Dieu : l'abbé Maurice Grenier et Pierre Mieusset.

L'abbé Maurice Grenier, vicaire à Vuillafans, s'est pieusement endormi dans le Seigneur le 5 juin dernier, dans sa vingt-sixième année. Depuis quelque temps déjà il marquait, dans sa souriante mélancolie, le mal qui l'a emporté. C'était le neveu de notre ancien professeur d'histoire, l'abbé Bossu, qu'un grand nombre d'entre vous ont beaucoup connu et qu'ils ont beaucoup aimé. Il nous suffira de dire à la louange de ce saint prêtre, si prématurément enlevé à notre affection, que M. le curé de Pontarlier, rendant hommage, au jour de ses magnifiques funérailles, à son jeune compatriote et ami, n'a pas craint de lui appliquer les paroles que Mgr Besson écrivait de son oncle il y a seize ans : « L'Église de Besançon vient de perdre un des prêtres qui promettaient de lui faire le plus d'honneur et qui devaient, ce semble, lui rendre le plus de services. »

Tous les membres de notre Association déplorent la perte de Pierre Mieusset, le poète patriote, mort victime d'un accident de chasse, le 30 août dernier, près de Recologne, où il venait de prendre sa retraite. C'était un parfait honnête homme, mieux encore, un bon chrétien qui avait gardé au cœur le culte de son vieux Collège. D'un naturel sympathique, d'un esprit supérieur à sa condition, d'un excellent cœur, Pierre Mieusset, qui avait remporté deux fois le prix de poésie décerné par l'Académie de Besançon, avait été admis, en 1878, au nombre des membres de la docte compagnie. C'était un des assidus de nos réunions annuelles, où plusieurs fois il lut des strophes de circonstance qui eurent toujours un grand succès.

Nous conserverons de ces deux camarades un durable et fortifiant souvenir, et c'est avec une douloureuse sympathie que nous nous associons tous aux témoignages de regrets payés à nos deux amis, et que nous adressons l'expression de nos condoléances à leurs familles si cruellement atteintes.

Dans quelques instants, mes chers camarades, nous allons nous asseoir à des agapes fraternelles. Dans ses *Propos de table*, un ancien ami de collège, le moraliste Plutarque, écrivait ces paroles : « Celui qui prend place dans un festin n'y doit pas venir uniquement pour savourer des mets exquis et pour boire des vins choisis : il doit surtout songer aux bonnes et franches amitiés qui se forment et s'entretiennent par ces sortes de réunions. » Pour tout ami sincère de notre Association, c'est donc un devoir de se rendre à notre réunion annuelle, et le meilleur moyen d'y revenir avec plaisir, c'est de ne pas perdre l'habitude de s'y rendre. Vous le savez, en toutes choses, la pratique est la meilleure garantie de la persévérance.

Oui, vraiment, mes chers camarades, si pendant trois cent soixante-quatre jours, nous ne nous voyons plus, il est vrai de dire que nous nous *aimons* toujours, et que nous savons prendre part aux joies comme aux peines qui peuvent atteindre chacun de nous dans le cours de l'année. Apprenons-nous par les journaux le succès ou l'avancement d'un ancien camarade, nous y applaudissons franchement et nous nous en réjouissons avec cœur. Les vieilles amitiés de collège ne connaissent pas d'envie. Aussi toute distinction accordée, tout honneur décerné à un de nos anciens sont-ils pour nous comme un propre bonheur. Avons-nous connaissance de revers inattendus qui frappent quelque camarade malheureux, nous pensons avec satisfaction que notre Association fraternelle pourra lui venir en aide et lui donnera les moyens de sortir d'une situation difficile.

Telles sont, chers camarades, les joies et les satisfactions que peut produire notre œuvre à mesure qu'elle recevra de Dieu et du temps sa consécration et sa force. C'est à chacun de nous de faire active propagande, afin d'en augmenter l'autorité et la puissance. C'est à chacun de nous de *faire sommation* à nos anciens camarades de rentrer dans les rangs de ce nouveau collège agrandi, — de ce collège sans murailles et sans leçons, — mais où se trouvent, comme jadis, la cordialité et l'affection.

Vous m'en voudriez, mes chers camarades, si, en terminant, je ne rendais un hommage bien mérité à notre distingué président sortant, M. Alfred Boysson d'École, chez lequel nous avons rencontré, pendant trois années, une aimable cordialité qui ne s'est jamais démentie et un dévouement absolu aux intérêts de notre Association.

Je tiens aussi à dire au Révérend Père supérieur du Collège que nous sentons croître chaque année notre dette envers lui et ses dignes collaborateurs. Votre Collège, mon Révérend Père, est la pépinière des futurs membres de notre Association. Nous voyons avec confiance grandir, sous votre direction, les générations qui viendront rajeunir nos cadres. Nous savons combien est ardue et délicate à la fois la tâche de l'éducateur. En notre fin de siècle, l'art de façonner les esprits est devenu l'art de faire les *intellectuels*. Dans ces derniers temps, cette épithète a été fort décriée : vous saurez la réhabiliter, car vos intellectuels sont chrétiens, et vous savez imprimer à leur âme un sublime essor vers le bien. Chaque année, de brillants succès viennent récompenser le dévouement des maîtres et réjouir le cœur des parents. Longue est la liste des élèves du Collège qui subissent avec succès les divers examens. Souhaitons qu'il en soit toujours ainsi, et que, semblables à ces coureurs du stade, dont parle le vieux Lucrèce, nos jeunes lauréats se transmettent de main en main le flambeau des bonnes traditions dans lesquelles ils ont été élevés :

Et quasi cursores vitai lampada tradunt.

Zèle, savoir, expérience, telles sont les qualités qui distinguent les maîtres du Collège. Élèves de tels maîtres, nos camarades de l'avenir seront dignes de leurs aînés !

LE BANQUET

Cependant, ces graves questions ayant développé l'appétit, le signal du dîner répondit à une préoccupation de tous les estomacs. Oh ! sans doute il ne s'agissait pas de festin à la Lucullus. Pas d'huîtres du lac Lucrin : elles ont décidément passé de mode. Pas non plus de truites saumonées : elles sont réservées aux banquets officiels. Or, il s'agissait simplement de revivre un instant de la même vie intime, en prenant part à de communes agapes. Mais ici je crains qu'un écart de ma plume ne vous ait donné la plus fausse idée du monde. Si ce repas ne ressemblait en rien, Dieu merci, aux orgies de la décadence romaine, il ne rappelait nullement le noirâtre brouet de Sparte. Consultez plutôt le menu savamment élaboré par le comité des subsistances qui évolue dans la salle avec l'aisance classique de Vatel chez les Condé. Et comme tous les services viendront à leur heure, nous n'aurons pas à regretter la mort tragique des organisateurs du banquet. La salle avait été décorée par M. Gutzwiller, dont le bon goût est si connu, et sur les draperies aux gracieuses retombées se détachaient les plantes vertes que M. Calame, dont l'éloge n'est plus à faire, avait disposées en pittoresques massifs. Bref, on ne pouvait rêver à cette fête de famille de cadre plus exquis. Tandis que le turbot disparaît devant le chevreuil, et que les faisans rôtis font à la macédoine de légumes la plus sérieuse concurrence, les verres se choquent avec un clair tintement de cristal, les conversations se mêlent aux joyeux éclats de rire, les souvenirs d'antan s'échangent en même temps que les espérances d'avenir. Mais voici qu'un murmure part du fond de la salle. D'abord bruissement confus, il devient plus distinct, puis il grandit, s'accentue, se renforce, et finalement il éclate en manifestations bruyantes. Que se passe-t-il? Quelque anarchiste, ami de la propagande par le fait, se serait-il glissé dans nos rangs? Est-ce un futur député qui s'exerce, comme autrefois Démosthène, à couvrir le tumulte des foules du tonnerre de sa voix? Rassurons-nous. Nul d'entre nous ne se fortifie les poumons en vue d'interpellations à la Chambre, et on ne voit poindre à l'horizon d'autre engin explosif que la bombe glacée du dessert. On fait simplement à Manu l'entrée triomphale qui convient. Ce serait une injure aux anciens de leur présenter Manu. Tous le connaissent. Il entre dans la salle avec cette auréole de cheveux blancs qui lui donne l'air d'un marquis poudré descendu d'un cadre de Watteau, et tout fier, il porte à la boutonnière la médaille de vermeil qui rappelle ses bons et loyaux services. C'est qu'il a vu se succéder dans ces murs plus d'une génération. Il a connu enfants ces hommes d'aujourd'hui, et sa mémoire est demeurée aussi fidèle que son cœur est resté aimant.

LES TOASTS

Chut ! écoutons les toasts. M. le curé de Saint-Claude remercie Monseigneur d'avoir bien voulu accepter la présidence de cette fête.

Dans une causerie humoristique et toute pétillante d'esprit, M. le docteur Meynier, un des élèves des premiers jours, grave en médaillons originaux et expressifs les attachantes figures de nos premiers maîtres.

Puis le P. Lucas remercie les anciens de leur affectueuse sympathie pour le vieux Collège, et il indique délicatement à la reconnaissance générale le comité d'initiative, présidé par M. Mairot, qui, en 1896, sut maintenir à Besançon notre école menacée.

Un souvenir à Pierre Boysson d'École, élève du cours de Saint-Cyr, qui tient à affirmer que les professeurs actuels du Collège sont dignes de la pléiade groupée autour de Mgr Besson. Et nul de nous n'a oublié le *Journal du cinquantenaire* de M. l'abbé Monnier, aumônier de Saint-Ferréol. Si le tirage en est restreint — un numéro tous les cinquante ans — du moins l'idée est originale et la verve très franche. Edmond Rostand a dit que :

Les meilleurs vers sont ceux qu'on ne finit jamais.

En effet, il ne faut pas emprisonner le rêve flottant dans des contours trop précis ; le charme mystérieux du demi-jour lui convient, et la fantaisie du lecteur achève ce que l'imagination du poète a commencé. Ne pourrait-on pas dire que la gazette de la cinquantaine a la poésie indéfinissable des choses inachevées ?

Voici M. le chanoine Suchet qui, au nom de ses anciens collègues dans le professorat, Mgr Theuret, évêque de Monaco, MM. les chanoines Moussard et Rigny, souhaite longue vie au Collège et continuation du bien immense qu'il a produit dans la Comté.

M. l'abbé Louvot se lève ensuite et porte un toast à deux *Anciens* : « Léon Four, lieutenant au 19e bataillon de chasseurs à pied, commandant le poste de Léo (Soudan français), et Maurice de Rotalier, enseigne de vaisseau à bord du *Lion*, qui tous deux, l'un en Afrique et l'autre dans les mers de Chine, tiennent haut et ferme le drapeau de la France. » Des applaudissements enthousiastes ont accueilli ces paroles.

Enfin Mgr l'archevêque se lève et, dans une improvisation merveilleuse de délicatesse et d'à-propos, il remercie les membres du comité et les organisateurs de la réunion. En terminant, Sa Grandeur annonce que Mgr Theuret, par une décision en date du 3 décembre, jour de la fête du Cinquantenaire, avait élevé M. l'abbé Louvot à la dignité de chanoine honoraire de la cathédrale de Monaco. L'annonce de cette nomination est accueillie par des applaudissements aussi chaleureux qu'unanimes.

Toast de M. l'abbé Louvot, président de l'Association

MONSEIGNEUR,

En ma qualité de président de l'Association des anciens élèves du collège Saint-François-Xavier, c'est pour moi une très grande satisfaction et un très grand honneur que de vous remercier cordialement, au nom de cette brillante et nombreuse assistance, d'avoir bien voulu accepter la présidence d'honneur des *noces d'or* de notre cher Collège.

En cette solennelle circonstance, nous sentons mieux le prix de votre haute bienveillance. Nous le savons depuis longtemps, mais votre exemple nous permet de le remarquer une fois encore : plus la bonté s'élève et monte sur le faîte, plus elle aspire et se plaît à descendre vers ceux qui font appel à ses délicatesses....

Le 3 décembre 1850, un de vos plus illustres prédécesseurs, le cardinal Mathieu, inaugurait ce Collège, en grande pompe, au jour même de la fête du patron qu'il venait de lui donner, saint François-Xavier.... *Quindecim annos grandævum ævi spatium*. Vous nous avez rappelé ce matin bien à propos là parole de l'historien romain. Qu'il y a loin des quinze années, que Tacite résumait dans cette éloquente parole, au glorieux *Cinquantenaire* que nous célébrons aujourd'hui. Nous avons devant nous non pas quinze années, mais cinquante années de la vie d'une institution....

La place du vénéré successeur de Mgr Mathieu était marquée dans cette fête du *Cinquantenaire*, et nul d'entre nous ne la concevait, Monseigneur, sans votre auguste présence. Au surplus, vous avez hérité pour cette maison de la paternelle bienveillance de vos trois derniers prédécesseurs, NN. SS. Paulinier, Foulon et Ducellier, dont il m'est doux de prononcer le nom en cette journée ; elle a passé tout entière de leurs cœurs dans le vôtre, et votre présence aujourd'hui parmi nous en est le gracieux témoignage.

Vous avez tenu aussi à répondre à notre invitation, Monseigneur, parce que vous vous êtes souvenu que, pendant ce *demi-siècle*, plus de *cent cinquante* prêtres sont sortis du Collège : plusieurs servent l'Église dans les missions lointaines et les ordres religieux, mais la plupart d'entre eux appartiennent au clergé de votre diocèse, et dans cette phalange d'élite que je vois autour de moi, il me plaît de saluer en ce moment le prêtre distingué, parvenu au plus haut sommet de la hiérarchie diocésaine, et qui est, je le sais, très près de votre cœur, M. le vicaire général de Beauséjour. Nous remercions Dieu de ces nombreuses vocations au sacerdoce, car il nous revient quelque chose du bien que font ces prêtres dans le diocèse et dans tous les coins du monde.

Nos âmes vibrent encore, Monseigneur, des accents superbes par lesquels vous avez célébré, il y a quelques jours, à l'Institut catholique de Paris, la grande conquête de la liberté d'enseignement que vous avez en même temps vengée des sophismes liberticides. Tous nous avons admiré la courageuse énergie avec laquelle vous avez défendu la seule liberté qui nous reste. Tout à l'heure, vous nous avez rappelé avec éloquence la gloire et l'honneur des noces d'or de notre Collège. Merci, Monseigneur, de nous avoir donné ces hautes et fermes leçons....

Mais je m'arrête dans la crainte de dépasser la mesure. Peut-être même l'aurais-je déjà fait, si l'amour filial n'avait ses heures de franchise et de liberté....

Je lève mon verre en l'honneur de Mgr l'Archevêque.

Unissez-vous tous à moi, mes chers camarades, pour porter la santé de l'éminent prélat, auquel nous souhaitons vie longue et prospère pour la gloire de l'Église et de la France !

Toast de M. le docteur Meynier, président du banquet

Monseigneur,
Messieurs,

C'est uniquement en qualité d'élève de la première heure que j'ai été appelé à l'honneur de présider le banquet du cinquantenaire, des noces d'or, de cette chère maison. En effet, je suis entré dans cet établissement le jour même de son ouverture, le 5 novembre 1850. Mais si je n'ai été, en dehors de cela, qu'un *catho* quelconque, je puis dire que j'ai été un *catho* fidèle, car je l'ai été pendant près de dix ans, et que, si la volonté de mes parents ne m'y avait pas maintenu, j'y serais certainement resté par affection pour mes camarades et mes maîtres.

Jamais je n'oublierai mon entrée dans ce milieu, où je ne connaissais personne, où j'étais ignoré de tous. Mon père avait, pour m'y introduire, abandonné, pour un jour, ses malades à la Providence, qu'il préférait, comme suppléante, à ses confrères d'Ornans. Bien lui en avait pris, car il allait faire, en ce jour, la connaissance d'un ami dont l'affection ne s'est jamais démentie. Sur sa demande, on nous introduisit dans ce salon de la rotonde que les anciens, très anciens du collège voient encore. La rotonde a disparu lors de la construction de notre belle chapelle. Là, se trouvait, entouré de parents et d'élèves, un homme que j'ai aimé dès ce jour ; c'était le futur mais encore très lointain évêque de Nîmes. M. Besson était laid, très laid même, comme d'autres orateurs célèbres. En temps ordinaire, on avait de la peine à se faire à ses traits rudement accentués, à son regard vague, à ses lèvres épaisses ; mais il avait, quand il le voulait, une physionomie des plus attachantes. Les yeux, que l'indignation pouvait rendre terribles, je l'ai vu quelquefois par la suite, étaient alors d'une douceur caressante. Ce sont ces beaux dehors, ces dehors, pourrais-je dire, diplomatiques, que devait voir tout d'abord le pauvre petit écolier ; ils étaient de circonstance !

Dans les jours suivants, je devais faire connaissance avec le brillant état-major dont le cardinal Mathieu avait entouré ce chef éminent. Hélas! qu'il en reste peu de nos premiers maîtres! Quatre : Mgr Theuret et MM. les chanoines Suchet, Moussard et Rigny. Morts : MM. Maire, Ballot, Étienne et Joseph Marmier, Devoille, Landry, Vieillard, et leurs collaborateurs laïques, MM. Chapelle, Renaud-Ducreux, Viguier, le docteur Labrune, Ehrlick. Il ne faut pas oublier les maîtres d'étude, MM. Lalandret et Péria. L'enseignement libre n'a jamais connu de parias, et, d'ailleurs, ces Messieurs, comme aussi M. Rigny, cumulaient l'enseignement et la surveillance.

Ils n'avaient pas le temps de s'ennuyer, et bientôt les professeurs durent-ils les seconder pendant les récréations et pratiquer avec eux l'art, plus difficile qu'on ne pense, de faire jouer les écoliers de notre siècle. Si la gravité, qui sied aux hommes de science et aux philosophes, retenait MM. Ballot et Étienne Marmier auprès des péripatéticiens de la cour des grands, leurs collègues, plus jeunes d'ailleurs, ne craignaient pas de la dépouiller pour se jeter dans la mêlée de la cour des petits ; et c'était à qui, parmi eux, y montrerait le plus d'entrain. Mais les deux rois des jeux étaient MM. Landry et Rigny, le premier, pour la force ; le second, pour l'ingéniosité. Qui n'a pas reçu une balle de M. Landry ne sait pas ce que c'est qu'un horion ! et il faut avoir joué aux barres sous la conduite de M. Rigny, pour connaître toutes les ressources de ce jeu vraiment olympique!

Des intermèdes, trop rares à notre gré, nous étaient parfois donnés par M. Devoille, le romantique qui nous entraînait

> Dans le monde fantastique,
> Où son esprit s'égarait.

N'en déplaise à M. le chanoine Suchet, nous nous engagions très volontiers, à sa suite, dans les détours d'un roman, fort intéressant, qu'il ne terminait jamais. M. Rigny dit même quelque part que M. Devoille en mettait parfois le dénouement au concours. Grand et maigre, la corne antérieure de son chapeau menaçant le ciel, ce cher et merveilleux conteur rappelait alors la silhouette du *David la Gamme* de Fenimore Cooper, qu'il me paraît avoir beaucoup pratiqué. C'est à cette silhouette que je dois de l'avoir revu plus tard à Paris : elle me l'a signalé d'un bout à l'autre de la longue rue de Babylone. Une intervention moins agréable, dans nos ébats, était celle de M. Joseph Marmier,

> Toujours rempli de prudence
> Dans son langage discret.

Il craignait probablement pour nous un excès de chaleur. Mais nous avions pour nous remettre les bons mots de M. Suchet.

Mais je m'éloigne de mon sujet, qui est l'ouverture de notre vieux *Catho;* et déjà j'ai perdu en route deux mémoires, que je me ferais un crime d'avoir oubliées, celles de M. Franceschi, qui nous a initiés aux principes du dessin, et de M. Arnaud, qui s'est efforcé de plier nos voix discordantes aux règles de l'harmonie. M. Arnaud offrait, moyennant une rétribution modeste, le vivre et le couvert à ceux de nos camarades pour lesquels le prix de la pension du collège était trop élevé. Son hospitalité était tellement en faveur que son appartement ne suffit bientôt plus à les recevoir. Un des derniers venus, notre pauvre Mieusset, me racontait encore, l'été dernier, que le père Arnaud avait dû le confier au sonneur de Saint-Maurice, dont il partageait le logis élevé. Inutile de dire que Pierre n'avait pas besoin de réveille-matin, et qu'il pouvait, quand le cœur lui en disait, assister à la messe des *casseroles.*

Vous ne me croirez peut-être pas, lorsque je vous dirai que j'ai eu quelque peine à me rappeler les noms de mes anciens camarades de septième, mais les noms seulement ! A peine, en effet, avais-je retrouvé un de ces vocables, dans les documents que j'ai pu me procurer, celui qui y répondait se présentait à mon esprit, aussi vivant que si je le quittais de la veille. C'est ainsi que m'ont apparu ; Jules Barthod, Léonce de Bretenières, Auguste Bideau, Gaston de Colombe, Edmond Dessirier, Albert Estignard, Emile Graffe, Louis Grosjean, Victor Gindre, Joseph Gueldry, Léonard Guillemin, Louis Guillet, René de Guiroye, Maxime Huss, Auguste Jannin, Charles Jeannerod, Armand Lebault, Emile Lestre, Théodore Magnin, Pierre Mieusset, Louis Moine, Charles Moureau, Henri d'Oussières, Henri Petit, Charles Petitjean, Camille Pidancet, Jules Receveur, Augustin Renaud, Léon de Sampigny, Abel Vergey, Étienne Vieillescaze, Charles de Weck. Ces chers évoqués, hélas! pour quelques-uns, d'outre-tombe (ils sont allés rejoindre, dans un monde meilleur, notre bon et aimable professeur, M. Vieillard); ces chers évoqués ont eu des fortunes bien diverses. Même il en est (il faut le dire bien vite!) qui ont mal fini ; mais, par compensation, le plus grand nombre a fourni une très honorable carrière. Il y a parmi nous jusqu'à un chef d'État étranger et un commandant de corps d'armée français.

Mais il ne faut pas prolonger outre mesure ces retours en arrière : nous sommes entre les mains de Dieu, et nous ne devons penser au passé que pour lui donner un souvenir attendri, accompagné d'un salut dédaigneux au présent et d'un chaleureux appel à l'avenir. Monseigneur, Messieurs, je lève mon verre à la mémoire des nombreuses générations qui ont passé dans ce collège, à la prospérité de celles qui y passent, et aux espérances de celles qui y passeront longtemps encore, c'est notre vœu le plus cher ! *Ad multos et felices annos !*

Toast du R. P. Lucas, supérieur du Collège

Monseigneur,

Il y a quelques jours à peine, lors des fêtes d'un centenaire, vous commentiez avec un bonheur visible le « *Cor unum et anima una.* » Vous voyez aujourd'hui, près de vous, pareille assemblée, diversifiée peut-être par la situation de ceux qui la composent, mais bien unie dans les mêmes principes, bien serrée autour de son archevêque et aussi bien constante dans sa sympathie pour le vieux Collège catholique.

Messieurs,

C'est une mission fort agréable que celle qui m'incombe de constater une fois de plus la fidélité de vos sentiments. Aussi, à défaut d'éloquence pour les faire ressortir, aurai-je du moins le cœur qui sait les comprendre et les apprécier.

Je salue avec bonheur la nombreuse assemblée réunie à l'occasion des noces d'or du Collège.

Aux anciens qui n'ont jamais oublié les réunions annuelles de l'Association, un cordial souvenir.

A tous ceux qui viennent revivre pour un jour, parmi nous, la vie d'autrefois, l'assurance de nos vives sympathies et notre fraternel accueil.

A vous tous, Messieurs, qui avez abordé des carrières variées ou répondu à des appels différents, à vous tous, prêtres, soldats, magistrats, artistes, médecins, agriculteurs, à vous tous, hommes de foi, de devoir et de caractère, notre merci de cœur, car vous nous honorez aujourd'hui et vous nous encouragez dans notre tâche.

Sur la route de la vie les uns ont trouvé le bonheur, le renom, la fortune, d'autres n'ont recueilli qu'oubli, déboires et chagrins, mais tous vous rapportez ici des trésors de sympathie et de bonne amitié et il vous est doux, vous reportant aux moments heureux de l'enfance et de la jeunesse, de redire tout bas : « Se souvenir, c'est vivre deux fois. »

« Aux vétérans du sacerdoce, à nos prédécesseurs dans la carrière, dont nous sommes les humbles, mais bien fidèles successeurs, l'hommage de notre respect.

Messieurs, « le plus beau ciel a ses nuages, » et le Collège catholique a connu les jours tristes. Permettez-moi d'associer à notre reconnaissance le Comité d'initiative qui, en 1896, sut maintenir Saint-François-Xavier et s'obstina, dans sa forte volonté comtoise, à le faire vivre. — Il avait sa place marquée aujourd'hui parmi vous.

Enfin, Messieurs, et j'ai fini : A tous ceux qui ont aidé aux apprêts de cette belle fête. — A tous ceux qui ont donné sans compter, et à des titres divers, leur concours le plus dévoué.

Au comité de l'Association qui a tout fait pour les noces d'or du Collège, à M. le président du banquet, que nous acclamons et avec lui les élèves de la première heure.

A M. le président de l'Association, dont personne mieux que moi n'a pu apprécier les prodiges d'activité, de dévouement et d'affection vraie !

Messieurs, à l'Association entière, à votre passé — il est superbe, car les aînés surent mourir pour l'Église et la France ; — à son présent, car les contemporains n'ont pas dégénéré ; — à l'avenir : que Dieu le rende glorieux par nos jeunes !

Toast de M. Pierre Boysson d'École

MONSEIGNEUR,
MESSIEURS,

Une petite place aux jeunes ! C'est en leur nom que je me lève à mon tour. A mes quinze années de présence au collège, je dois aujourd'hui l'insigne honneur d'assister au banquet des Anciens et celui plus périlleux d'y prendre la parole comme doyen des élèves actuels.

J'en serais effrayé, Messieurs, si je n'avais tout d'abord un grand merci à adresser à nos chers maîtres pour le dévouement et l'intérêt dont ils nous entourent tous les jours avec un zèle sans défaillance. Notre reconnaissance parfois se cache sous une indifférence toute superficielle, ou derrière quelque manifestation de la vivacité inhérente à la jeunesse.

Nous saurons vous la prouver en nous efforçant de faire honneur au collège, réalisant ainsi, je le sais, vos plus grands désirs et vos plus chères espérances.

N'avons-nous pas d'exemples à suivre ?

Vous nous avez tracé la voie, Messieurs les Anciens, nous y saurons marcher d'un pas ferme, quels que soient les obstacles.

On nous dit que les temps sont durs et mauvais. Nous saurons cependant rester fidèles à nos principes et nous montrer toujours comme nos Anciens, Comtois, chrétiens et bons Français.

Aussi associerai-je dans mon toast les professeurs qui nous enseignent à être des hommes, et les Anciens qui nous montrent par l'exemple comment il faut le devenir.

Toast de M. l'abbé Joseph Monnier

MONSEIGNEUR,

J'aime à me souvenir qu'au jugement d'Horace
La licence est permise au pays du Parnasse :
C'en est une d'oser, devant Votre Grandeur,
Monter Pégase pris d'une fiévreuse ardeur !
S'il est fier, il a tort : son mérite est profane ;
Phœbus est une buse et Pégase est un âne
Devant la sainte Église où brille le flambeau
Qui montre à nos regards le Vrai, le Bien, le Beau
Au sein même de Dieu, source abondante et pure
De lumière inconnue à la pauvre nature.
Héritière d'un Dieu, l'Église a tous les biens :
Ses évêques sont nés académiciens.
On dit que l'art des vers est une belle chose ;
Mais il est d'autres dons : sur vos lèvres la prose,
D'une noble éloquence organe harmonieux,
L'emporte en se jouant sur la langue des dieux.
A Pégase en déroute il reste une espérance :
Son juge est indulgent. Là-dessus il s'élance.

Festoyez bien, Messieurs, mais pensez aux absents !
Ils seront désolés ; soyons compatissants !
Mais s'il faut de ce jour que le ciel nous envoie
Décrire à nos amis les splendeurs et la joie,
Ne laissons pas ce soin au vulgaire journal,

Du monde où l'on s'ennuie interprète banal ;
Ou plutôt faisons mieux ; la gazette elle-même
Ne peut-elle aujourd'hui devenir un poème ?

Un bon point cependant au Bulletin sacré
Que publie à Saint-Claude un sémillant curé.
Et saluons aussi sa sœur diocésaine
Qu'un chanoine a fondée et qu'il nomma Semaine.
Par-dessus les mauvais on trouve qu'ils font bien.

Pour nous, faisons du neuf : pas de quotidien,
Pas non plus de mensuel, ou bien d'hebdomadaire !
Notre journal à nous sera cinquantenaire.

Rassurez-vous, Messieurs ! le second numéro
Ne court pas le danger de tomber à zéro,
Ni notre feuilleton de rater ; au contraire !
Le rédacteur sera simplement centenaire.
Les rimeurs, direz-vous, vivant de fiction,
De passer immortels se font l'illusion.
Eh bien, quoi ! Si l'on n'est d'aucune Académie,
Doit-on se résigner à mourir d'anémie ?

Quoi qu'il en soit, j'écris mon premier feuilleton,
Et je l'achèverai, parole d'Apollon !
Voici : La poésie au Collège, Revue
Des poètes Cathos, jadis les plus en vue.
Deux ou trois aujourd'hui :

      Le premier était feu
Jean-Jacques Rimaleuil : ce grand homme eut le feu,
Le feu sacré, s'entend, des pieds jusqu'à la tête :
Il avait les cheveux plus rouges que la crête
D'un poulet de la Bresse ou d'un jeune dindon.
Dans les yeux des éclairs de génie ; et le don....
De déplaire à son maître, ennemi de la rime
Et fou de la raison. — « Rimer n'est pas un crime !
« Je veux faire des vers : les autres en font bien ! »
Rimaleuil s'échauffait. L'autre n'écoutait rien :
« Je vous ai dit, Monsieur, de mettre votre lyre
« Au grenier : faudra-t-il cent fois vous le redire ? »
Jusqu'au bout Rimaleuil est resté méconnu.

Mais sous une autre étoile Hilaire était venu :
Il n'aimait pas les vers et détestait la prose,
Si ce n'est en latin. Un beau jour il compose,
Après bien des essais et des vers malheureux,
Un morceau qu'à son maître il porte radieux.
Il croyait avoir eu comme un accès de verve,
Et même il en avait remercié Minerve ;
Le maître lit les vers ; il en trouve un de bon,
Et lui dit, en prenant vous devinez quel ton :
« Miracle ! vous voilà guéri, monsieur Hilaire ?
Guéri de quoi, Monsieur? — Eh! du vers solitaire ! » —
Il ne put digérer ce mauvais calembour :
Pauvre homme !
     Un autre était un enfant du faubourg.
Il avait un ami, compagnon littéraire,
Qui pour le faubourien travaillait comme un frère.
Ils avaient mis un jour leurs talents en commun ;
Et tous deux emballés rimaient comme pas un.
Ajoutons que je tiens de ces deux personnages
Les titres suggestifs de leurs plus belles pages :
Un héros sans-culotte, émouvant à pleurer !
L'écolier cousu d'or : énigme à déchiffrer.
L'écolier sans le sou : ceci c'est de l'histoire.
Trait d'esprit d'un gendarme : on est forcé d'y croire ;
Puis deux fables : *Les deux rossignols enrhumés* ;
Le sucre et les huissiers : deux sujets mal rimés !
La fin de l'orthographe : une ode prophétique ;
L'ânon dans un fauteuil : essai philosophique.
Tous ces travaux devaient être au cahier d'honneur ;
Ils le croyaient du moins ; mais voilà le malheur :
Le maître découvrit leur gentil communisme.
Féroce et sans pitié pour le socialisme,
Il leur dit, en brisant l'association,
Que l'un était sans rime et l'autre sans raison !

Je m'oublie : un rimeur doit garder la mesure,
Et surtout pratiquer à propos la césure :
Pratiquons en coupant ma liste de héros,
Et renvoyant la suite aux prochains numéros.

On se lève de table dans la joyeuse surprise causée par cette bonne nouvelle. D'habitude, la réunion se termine à cette heure. Les conversations amicales, un moment reprises, sont vite interrompues par l'éparpillement des départs :

> Tout le plaisir des jours est en leur matinée.
> La nuit est déjà proche à qui passe midi.

Ainsi parlait le vieux Malherbe en son bon sens normand. Mais cette fois on voulait faire mentir ces beaux vers, et l'on tenait à goûter aussi longtemps que possible le charme de la réunion. Le Collège se trouvant — pour employer une expression qui a fait fortune — à un tournant de son histoire, il convenait de marquer cette date par un redoublement de solennité. Aussi le R. P. Dagnaud, l'organisateur de toutes les fêtes, avait-il été chargé de préparer un concert pour les anciens. Le programme indiquait la réunion pour huit heures du soir, à la salle de la rue Ronchaux.

LE CONCERT

La plupart des invités furent fidèles au rendez-vous, et ce fut devant un auditoire nombreux et choisi que poètes et musiciens nous transportèrent tour à tour « dans le pays du bleu. »

M. Vallode, des concerts Lamoureux, chante avec ampleur le grand air de Joseph, détaille en perfection le mélancolique Virelai d'Alsace, et fait passer un frisson dans toutes les âmes en interprétant, d'après Gounod, les stances de Polyeucte.

M. Mustel montre une prodigieuse souplesse d'exécutant en tirant de l'harmonium dont il est l'inventeur des mélodies infiniment douces. M. Dupuis, le violoniste si distingué, nous fait admirer une fois de plus sa rare virtuosité et son impeccable maîtrise, et la chorale du Collège enlève avec brio le chœur des Pèlerins, de Saintis, et l'Hymne à la Comté.

Parallèlement au programme musical se déroulait le programme littéraire. Au premier appel, des poètes nombreux s'étaient levés, qui avaient célébré dans la langue des dieux les grandeurs et les joies du Cinquantenaire. Ne fallait-il pas sertir dans l'or étincelant de la poésie les diamants précieux de nos souvenirs ? Écoutez M. Paul Guichard chantant ces cinquante années marquées par tant d'obscurs héroïsmes et d'humbles dévouements 1. Admirez le réel talent avec lequel M. l'abbé Monnier a développé notre devise : *In te speravi*. Chaque strophe indique une phase de développement de ce Collège, qui naît, grandit, lutte, triomphe et se survit. On dirait d'une série de coups d'ailes de plus en plus puissants. Et entre chaque strophe éclate vibrant ce refrain d'espérance et ce cri d'enthousiasme :

> Toujours debout, malgré les tempêtes passées,
> O cher Collège, défends-toi.
> A toi les longs espoirs et les vastes pensées
> De la science et de la foi 2.

Après les premières effusions nécessairement générales, les souvenirs se précisent, se particularisent. La lumière diffuse qui enveloppait tout le Collège comme une sorte de gloire tombe en rayons directs sur quelques fronts auxquels elle attache une particulière auréole. Aux fastes de l'école, des noms justement célèbres s'inscrivent, des réputations méritées se font jour. Certes, celui-là en a menti qui disait :

> Que dans la main du prêtre
> L'esprit se refermait encore à peine éclos.

Et pour le prouver, l'auteur de *Nos gloires civiles et militaires* fait défiler devant nous la glorieuse théorie de nos artistes, de nos poètes et de nos savants. C'est Baille qui a dérobé à Fra Angelico le charme idéal de ses figures de bien-

---

1. Cf. page 33.
2. Cf. page 34.

heureux ; Isenbart le paysagiste, qui a reproduit tous les méandres du Doubs et noté tous les reflets du ciel de la Comté. Voici les médecins qui s'efforcent de diminuer le lot des souffrances humaines ; les magistrats qui ont quitté la robe au lendemain des décrets spoliateurs, voulant bien rendre des arrêts, mais non pas des services :

> Voici venir enfin tout un état-major.
> Tous y sont : généraux aux trois étoiles d'or,
> Officiers supérieurs, officiers subalternes,
> Assez pour commander deux ou trois cents casernes.
>
> . . . .
>
> Et chacun d'eux, debout, à l'horizon regarde ;
> Et si dans les airs passe un appel de clairons,
> Vous les verrez courir au feu : tels des lions.

C'est avec la même chaleur d'enthousiasme que M. l'abbé Druot chante les Vaillants du Collège et qu'il dit l'héroïsme des Guerrin et des Dufournel [1].

Paulo minora canamus. Avec M. le chanoine Suchet, nous abandonnons les cimes pour errer dans les sentiers fleuris d'un aimable abandon. Ce n'est pas, en effet, l'évêque de Nimes, le Fléchier franc-comtois qu'il s'agit de célébrer, mais tout simplement *le père Besson.* En ces vers simples, mais expressifs, le père Besson revit tout entier. Nous goûtons ses plaisanteries assaisonnées d'une souriante malice ; nous le voyons jouer au milieu des petits ; nous l'entendons consoler les candidats malheureux par de bonnes paroles qui transformeront les vaincus de la veille en lauréats de demain [2].

L'épisode tragico-comique de 1852, dû à la plume de M. Thuriet, reste dans la même note aimable. On rit de bon cœur en voyant les gendarmes arrêter par méprise le frère de M. Besson, et leur stupéfaction est assez réjouissante quand ils entendent le prisonnier décliner ses titres et qualités [3].

1. Cf. page 41.
2. Cf. page 44.
3. Cf. page 46.

Entre ces lectures littéraires et ces morceaux de musique, M. Dassy, du théâtre des Nouveautés, déchaîna le fou rire dans la salle par ses désopilantes chansonnettes. Très simplement, selon son habitude, Mme Cornet prêtait, comme accompagnatrice, son réel talent à cette soirée.

Mais tout finit ici-bas; la plus belle journée disparaît comme les autres. Que n'est-il réalisable, ce rêve du poète de fixer éternellement les heures brèves de jouissance!

> Ici-bas tous les lilas meurent,
> Tous les chants des oiseaux sont courts,
> Je veux des étés qui demeurent
> Toujours.

Du moins, grâce à cette inoubliable journée, les noces d'or du Collège n'auront pas passé inaperçues, et ces fêtes auront ravivé dans tous les cœurs notre amour pour le vieux *Catho*. Avec un poète encore — il faut un langage élevé pour exprimer les grandes choses — contemplons une dernière fois notre Collège dans sa robuste vitalité, et remercions Dieu de nous avoir groupés si nombreux dans une si belle manifestation d'amour et de foi.

> Sur lui cinquante hivers ont neigé, mais sans prise,
> Tête et cœur sont debout sous les flocons du temps
> . . . .
> Au Dieu qui le permet, amis, rendons hommage,
> Et par Lui, puissions-nous un jour, à son image,
> Sous des cheveux d'argent, fêter les noces d'or.

DEUXIÈME PARTIE

RÉUNION LITTÉRAIRE ET PROCÈS-VERBAUX

Réunion littéraire et Procès-verbaux

Cinquante ans

Du libre enseignement nous avons vu l'aurore
    Se levant sur notre cité ;
    Sa flamme en ce jour put éclore
    Dans sa lumineuse beauté.
Prêtres et professeurs, puissants par la parole,
Se vouèrent à l'œuvre. Honneur à cette école
    Où tant de maîtres ont lutté.

Cinquante ans ont passé depuis la loi bénie.
    Un cardinal tint le flambeau ;
    Il déploya tout son génie
    A conduire aux sources du beau,
Au travail, au mérite, une ardente jeunesse.
On l'écoute, on l'admire ; une foule se presse
    Et se range sous son drapeau.

Cinquante ans, quel faisceau de labeurs peu vulgaires !
    Jeunes, venez ; parlez, anciens,
    Docteurs, magistrats, militaires,
    Lettrés, commerçants, citoyens.
Elevés sur ces bancs, puis lancés dans le monde,
Ici l'on vous sacra dans l'étude féconde,
    Français d'élite et bons chrétiens.

Cinquante ans d'existence ; ô visions, ô rêves,
    O vieux souvenirs endormis !
    Professeurs, compagnons, élèves
    Que Dieu sur la route avait mis ;
C'est l'illustre orateur, c'est l'évêque de Nîmes,
Prêtres, soldats tombés, aux dévouements sublimes,
    Où donc êtes-vous, bons amis ?

Et nous, encor debout, à l'heure où le sol tremble,
    Toujours fidèles au devoir,
    Nous qu'une même foi rassemble
    En face d'un horizon noir,
Célébrons les succès de ces cinquante années,
Par la reconnaissance et l'amour couronnées,
    Et gardons l'invincible espoir !

O Pontife, gardien de ce beau diocèse,
    Savant et vertueux prélat,
    Partout l'inquiétude pèse,
    Protégez-nous dans le combat,
Pour que la liberté si chèrement conquise
Vive à jamais ici, gloire de votre Église,
    Honneur de votre épiscopat !

Fils du Père Eudes, vous les preux de l'Armorique,
    Vous êtes des lutteurs de choix ;
    Préservez l'œuvre magnifique
    Des nobles maîtres d'autrefois.
Vous qui ne craignez rien quand la mer vous assiège,
Soufflez la foi robuste à vos *gars* du collège,
    Bretons, sauvez les Franc-Comtois.

Paul GUICHARD.

In te speravi

Il a vécu, l'humble Collège,
Comme un enfant béni de Dieu
Que la main d'un ange protège
Comme avec un glaive de feu !
Il était né dans l'indigence ;
Chétif, sans doute il vivrait peu !
Mais lui tenait, plein d'espérance,
Les yeux levés vers le ciel bleu !

Toujours debout, malgré les tempêtes passées,
    O cher Collège ! défends-toi :
A toi le long espoir et les vastes pensées
    De la science et de la foi !

Il a grandi, l'humble Collège,
Planté comme un arbre immortel ;
Malgré l'ennemi qui l'assiège,
Il nourrit les oiseaux du ciel
Qui gazouillent dans son feuillage,
Et l'abeille puise son miel
Aux fleurs qu'il porte d'âge en âge,
Comme en un printemps éternel !

Toujours debout, malgré les tempêtes passées,
O cher Collège ! défends-toi :
A toi le long espoir et les vastes pensées
De la science et de la foi !

Il a lutté, l'humble Collège,
Comme un preux soldat de la croix,
Sans redouter ni coups ni piège,
Vaillant toujours, blessé parfois.
Quand, pour éprouver sa vaillance,
Dieu parut l'avoir délaissé,
Il conserva cette espérance
Qui sauve et soutient le blessé !

Toujours debout, malgré les tempêtes passées,
O cher Collège ! défends-toi :
A toi le long espoir et les vastes pensées
De la science et de la foi !

Il a vaincu, l'humble Collège :
Le temps, sur le front du vieillard
A pleines mains jette la neige,
Pour lui dire qu'il se fait tard
Et qu'à grands pas la mort s'avance :
Lui n'est toujours qu'à son matin,
Et garde en son cœur l'espérance
Que son jour sera sans déclin !

Toujours debout, malgré les tempêtes passées,
O cher Collège ! défends-toi :
A toi, le long espoir et les vastes pensées
De la science et de la foi !

Il se survit, l'humble Collège :
Quoi ! par la tempête emporté,
Sur le rivage, le verrai-je
Comme une épave rejeté ?
Non ! il souffrirait, sans se plaindre,
Tous les coups de l'adversité,
Et la mort même sans la craindre,
Lui, l'œuvre du Ressuscité !

Toujours debout, malgré les tempêtes passées,
O cher Collège ! défends-toi :
A toi le long espoir et les vastes pensées
De la science et de la foi !

Abbé Joseph Monnier.

Nos gloires civiles et militaires

Amis, ils sont sonnés, déjà, vos cinquante ans !
Voilà que sur vos fronts neigent les cheveux blancs.
Dix lustres sont passés depuis votre naissance :
Déjà !.... Vous conservez pourtant la souvenance
Des choses de jadis, tout au fond de vos cœurs.
Vous retrouvez encor jusqu'au parfum des fleurs
Qu'aimaient tant à cueillir vos mains dans un autre âge.
Sous les plis dont les ans ont ridé leur visage,
Vous revoyez, heureux, les amis d'autrefois :
Ce sont eux : leur visage et leur geste et leur voix.

Aussi, le cœur joyeux, nous saluons l'aurore
Du siècle qui paraît, plus menaçant encore,
Car, malgré les hivers et la fureur des vents
Qui déchaînent sur nous leurs ouragans sauvages,
Nous espérons, quand même, et marchons confiants,
Le cœur jeune toujours, vers de calmes rivages.
Amis, le vôtre aussi reste jeune toujours ;
Vous le prouvez encore et c'est là notre gloire,
Certains qu'au souvenir des faits des anciens jours,
Vous direz comme nous : Pour agir il faut croire.
Vous croirez comme ceux qui déjà ne sont plus,
Fidèles aux leçons des maîtres disparus.

Ces maîtres, beaucoup d'eux tiennent leur récompense :
Ils ont depuis longtemps terminé la moisson ;
Mais ils vivent en vous ; car depuis votre enfance
Vous avez profité de leur sage leçon,
Et parmi les absents nous trouvons maint exemple
Qui prouve que l'on sait, même à l'abri d'un temple,
Apprendre ce que sont le courage et l'honneur,
Dût, pour les conserver, parfois saigner le cœur.

Amis, qui disait donc que sous la main du prêtre,
L'esprit se refermait encore à peine éclos ?
Les cœurs qui ne venaient à peine que de naître,
A l'instant devenaient froids comme des tombeaux ?
Et pourtant, entr'ouvrant vos illustres annales,
J'y vois briller partout le courage et l'honneur :
J'y lis avec orgueil des pages magistrales,
Témoins de vos talents et de votre valeur.
J'y trouve, en foule, inscrits des professeurs illustres,
Des hommes de science, artistes, magistrats,
Et partout et toujours de valeureux soldats.
Non, certes, les anciens ne furent pas des rustres !

Nous lisons, pleins d'orgueil, leurs ouvrages profonds ;
Littérature, droit, histoire et médecine,
Antiquité, peinture, inépuisable mine,
Où tous, à leur manière, illustrèrent leurs noms.
Une plume savante écrit sur la Russie
Des livres qui partout ont leur place choisie ;
Un autre nous décrit, en touriste exalté,
Les sites merveilleux de la Franche-Comté,
Et peintre aussi fécond que narrateur habile,
Par son pinceau nous charme autant que par son style,
D'autres anciens encor sont des maîtres de l'art.
Un rayon de fierté passe sur nos visages,
Lorsque, admirant, pensifs, un de leurs paysages,
Sur la toile, en un coin, nous lisons : Isenbart ;
Ou, lorsque, contemplant aux murs d'une chapelle
Une toile pieuse, on nous dit : C'est du Baille.
— Puis viennent se ranger, debout, à leurs côtés,
S'arrachant, un instant, à leurs antiquités,

Ces autres grands savants qui tirent de leur poudre
Les vieux livres d'antan, et savent se résoudre,
Aussi bons écrivains que sincères croyants,
A livrer, dans un style enchanteur, aux profanes
Les fruits délicieux de leurs savantes glanes,
Sans craindre le dédain de quelques faux savants.

Voici venir aussi de toute la contrée
Une foule d'anciens, médecins et docteurs,
Praticiens experts, humbles, profonds penseurs,
Dont la science immense et fortement ancrée
Aux principes de foi fait honneur au pays...
Pour chasser la douleur ils ont maintes ressources,
Et lorsque, revenant de leurs pénibles courses,
Prêts à courir ailleurs, ils rentrent au logis,
Sous leur front rayonnant aisément on devine
Qu'ils viennent de détruire un mal dans sa racine.
Nous les trouvons partout, dans les humbles hameaux,
Combattant, patients, toutes sortes de maux.
D'autres anciens encore, et non des moins habiles,
Consacrent leurs talents aux habitants des villes,
Et, généreux, toujours, font deux parts de leur temps :
L'une d'elles s'emploie à guérir la misère ;
L'autre les voit heureux de donner, dans la chaire,
Aux jeunes, leur science et leurs soins diligents.
Rien ne peut étouffer ni ralentir leur zèle ;
Chacun d'eux à son art reste toujours fidèle,
Et s'ils sont moins brillants au fond des hôpitaux,
Chacun salue encor leurs patients travaux.

Et retournant toujours les pages parfumées,
Je revois, en passant, des figures aimées.
Ce sont les fils aînés de notre vieux Catho,
Défenseurs de la veuve et gloire du barreau,
Troupe noble et maîtresse en l'art de bien tout dire,
Où je salue ému, car chacun les admire,
Ceux qui, jadis, devant de sinistres décrets
Plutôt que de salir par d'injustes arrêts
Leurs lèvres, qui toujours s'ouvraient pour la justice,
Plutôt que d'approuver une loi spoliatrice,

Couvrant les tentateurs de leur profond dédain,
Drapés dans leur honneur, sans taches sur la main
Préférèrent quitter leurs sièges, impassibles,
Gardant leur dignité d'hommes incorruptibles.

Voici venir enfin tout un état-major.
Tous y sont : généraux aux trois étoiles d'or ;
Officiers supérieurs, officiers subalternes,
Assez pour commander deux ou trois cents casernes.
Les compter ! Je ne puis, ils forment légion.
Ils viennent, le front haut, à la « Réunion ; »
Saluons en eux tous notre héroïque armée,
En qui vivra toujours la France bien-aimée.
Saluons ces soldats qui restent nos amis,
N'importe où le devoir, près ou loin, les a mis ;
Soyons fiers de compter parmi nos camarades
Ces hommes, ces soldats de toute arme : leurs grades,
Ils les ont bien gagnés ; les jeunes et les vieux
Peuvent lever bien haut leur front audacieux.
Qui donc, ici, voudrait devant cette phalange,
Qui grandit en luttant, dès la fondation
De notre vieux Catho par Monseigneur Besson,
A vos maîtres, amis, refuser la louange
Pour avoir mis leurs soins à former des héros,
Qui, partout et toujours, prêts pour le sacrifice,
Sans murmurer jamais, à partir sont dispos,
Sans consulter jamais leur goût ni leur caprice.
Leur cœur, il n'est pas mort, comme des fous l'ont dit !
Qu'on ne répète pas qu'ils cachent leur croyance :
Leur esprit est trop droit pour que quelqu'un d'eux pense
Que vivre en bon chrétien soit un acte interdit.
Ils l'ont prouvé, du reste, et le pays espère,
Avecque leur concours, un avenir prospère.
La France a su juger leur insigne valeur ;
Elle a su les placer à des postes d'honneur.
— Je ne nommerai pas les chefs de corps d'armée ;
Mais vous savez déjà, que de leur longue épée
Ils gardent la frontière, à Lille, à Besançon :
Le frère de l'un d'eux veille à Remiremont ;
Deux autres généraux sont à l'arrière-garde ;

Halter, enfant d'Alsace, est commandant à Blois ;
Au Mans, un corps d'armée obéit à Sonhois,
Et chacun d'eux, debout, à l'horizon regarde,
Et si dans les airs passe un appel des clairons,
Vous les verrez courir au feu, tels des lions.
Puis, voici défilant, comme pour la parade,
Les autres officiers de tout rang, de tout grade.
Quittant pour un instant chacun sa garnison,
Ils viennent tout poudreux, du lointain horizon.
Voici, le teint bronzé par les feux du tropique,
De valeureux soldats des régiments d'Afrique.
Ils ont, pour nous revoir, traversé les mers, car
Vous avez des anciens jusqu'à Madagascar.
D'autres viennent encor de plus lointains rivages,
Porter haut le drapeau. — Le bruit de leurs courages
Est venu jusqu'à nous et nous applaudissions
Aux hauts faits accomplis dans maintes missions.
On les a vus partout, au Tonkin, dans la Chine,
Officiers de la « guerre », officiers de marine.
Le plus jeune luttait déjà comme un ancien,
Au plus fort du combat, toujours calme, stoïque ;
Et pour récompenser son courage héroïque,
Il vit la croix fleurir sur son cœur à Tien-Tsin.

Mais vous savez combien nombreux de votre école
Sont sortis les soldats, et chaque année encor,
Vers les camps, quelque jeune, heureux, prend son essor,
Car l'amour de la France est toujours leur idole.

Laissez-moi maintenant, jeunes gens, espérer
Que tous, enthousiasmés par de si beaux modèles,
Vous mettrez votre ardeur à demeurer fidèles
A tout ce qu'au collège on vous fit admirer.
Les principes d'abord ; ensuite le courage,
Qui toujours des croyants réchauffe le grand cœur ;
Et vous pourrez marcher sans faiblesse, sans peur,
Faisant l'étonnement de tout votre entourage.
Il faut du cœur en tout, jeunes gens. Pour mourir
En chantant, il vous faut au cœur une espérance ;
Et laquelle ? Sinon de voir bientôt s'ouvrir
Le ciel où s'en vont ceux qui meurent pour la France.

Puis, hélas ! jeunes gens, il faut du cœur aussi
Pour vivre sans faiblesse en les temps où nous sommes.
Regardez près de vous comment vivent les hommes
Dont l'âpre ambition a toujours réussi.
— Donc, vous aurez du cœur et de hautes pensées :
Vous suivrez en tout temps les sentiers de l'honneur ;
Et vous aurez ainsi la clef du vrai bonheur ;
Avec le sentiment des luttes traversées.

Et maintenant, amis, que pleins du souvenir
Des anciens, vous savez quelle fut leur vaillance,
Restez chrétiens toujours, chrétiens sans défaillance,
Et vous serez, alors, maîtres de l'avenir.

X.

Les Vaillants du Collège

I.

Non, ce n'est pas la rose à l'opulent sourire,
Ce n'est pas l'astre d'or dans les cieux recueillis,
Ni le jeune printemps qui réveille sa lyre,
Ni le couchant de flamme empourprant les taillis ;
Ce n'est pas sur un front l'aube de la jeunesse
Avec le bercement blanc des illusions ;
Ni d'un premier amour la fugitive ivresse
Et le bonheur qui rit sur les bleus horizons ;
Ce n'est pas du foyer la douce et chaste étreint'
Et sous un toit sacré, la gerbe d'enfants blonds,
Ni, clôturant des jours d'exil et de contrainte,
Le retour du conscrit aux paternels sillons ;
Ce n'est pas la victoire aux glorieux quadriges
Les bravos, l'or, la pourpre et les fleurs aux chemins ;
Ce n'est pas l'éloquence, et l'art, et leurs prodiges
Et les siècles à l'unisson battant des mains.
Ce n'est pas même au temple où palpitent les cierges
Dans le rayonnement d'un mystique décor,
Le regard si profond, si pur des âmes vierges ;
Non, ce n'est pas le Beau suprême ! Pas encor.

II.

C'était à la Roquette, en une heure sinistre ;
A son voisin un jeune et saint prêtre disait :
« Oh ! laissez-moi mourir avant vous, moi ministre
D'un Dieu qui pour nous tous mourut sur un gibet ;
De vos petits enfants vous attend le sourire ;
Vivez pour eux : à votre nom je répondrai.
Peut-être — car une heure au salut peut suffire —
Les Versaillais demain vous auront délivré. »
Mais pour tous deux sonna la délivrance heureuse.
On appela le prêtre à l'honneur souverain
D'être évêque : il s'enfuit, et dans l'humble Chartreuse
Disparut le héros qui s'appelait Guerrin.

III.

Suivez-moi maintenant aux plaines d'Italie,
Pour défendre le pape, ils sont venus tous deux,
Deux frères, jeunes, pleins d'avenir, ô folie !....
Quand le bonheur tressait sa guirlande autour d'eux !
Et les voilà versant à pleins bords le courage
Pour une cause, hélas ! vouée à l'insuccès :
Car les autres sont forts, fourbes et pleins de rage....
Mais eux ?.... Ils sont Comtois, et Chrétiens, et Français !
On apprend un matin que tout près, à Farnèse,
Les garibaldiens sont venus s'établir :
On court, on les déloge, et, le cœur bien à l'aise,
On s'installe, on attend : ils peuvent revenir !
Ils reviennent trois cents, et l'on n'est que quarante,
Et pas d'espoir que rien vous puisse secourir :
Emmanuel se signe et, d'une voix vibrante :
En avant, mes amis, c'est l'heure de mourir !
Il tombe transpercé de quatorze blessures ;
Mais les amis sont là — l'ennemi fuit défait —
On l'emporte, il sourit du sein de ses tortures :
« Lorsque viendra mon frère, il sera satisfait ;
Je vais être jugé par le Seigneur que j'aime ! »
Puis il meurt, le regard soulevé vers le ciel.
Deux semaines après, la nuit, dans Rome même,
Tombait, seul contre trois, l'aîné des Dufournel.

IV.

De l'humaine Beauté salut, rayon suprême !
Voilà ce que le ciel mit de plus grand en nous :
Aimer jusqu'à mourir le devoir pour lui-même ;
Ployer devant le bien sa vie à deux genoux !
Aussi de quel effroi que notre chair frissonne,
Quel que soit de nos fronts le stigmate maudit,
L'écho de l'Infini dans nos âmes résonne,
Lorsque le beau moral à nos yeux resplendit ;
Et d'émotion sainte une source secrète
Se fait jour à travers nos cœurs bouleversés :
Le Divin sur notre âme affirme sa conquête,
Et les plus prévenus demeurent terrassés.
C'est pourquoi l'avenir est à vous, les sublimes,
A vous les bons, les purs, les sobres, les héros !
Malgré l'or et les lois au service des crimes !
Malgré les repus, les immondes, les bourreaux !
Quand leur nom tombera barbouillé d'infamie,
Le vôtre, bafoué par les persécuteurs,
Sous les cieux apaisés, comme une étoile amie,
Ramènera le peuple ému vers les hauteurs.

V.

Soyez donc grands et forts, enfants de ce collège ;
En haut les cœurs ! Il faut, pour dompter l'avenir,
D'être les plus vaillants garder le privilège,
Et de vos saints aînés toujours vous souvenir.
Regardez-la passer, la longue théorie
De ceux qui pour le bien ont su vivre et mourir.
Comme eux, à ces deux noms, le Christ et la Patrie,
S'il le fallait demain, sauriez-vous accourir ?
Ils pouvaient, dans le sein du foyer et sous l'aile
De l'étude, couler en paix des jours heureux,
Cueillir en se jouant une palme immortelle,
Et des mâles devoirs ne rien prendre sur eux ;
Ils pouvaient.... mais là-bas, aux rivages du Tibre,
Là-bas, aux champs lorrains par la Prusse envahis,
Pour qu'un vieillard sacré dans Rome restât libre,
Pour que notre pays restât notre pays ;

Sitôt que l'Idéal de loin leur eût fait signe,
Laissant les doux sentiers, on les a vus courir,
Puis, au poste d'honneur que le devoir assigne,
Pour l'auguste Patrie et pour leur Dieu mourir.
Je n'égrènerai pas la liste glorieuse
De ces noms fièrement immolés au devoir ;
Les plus brillants sont ceux dont votre main pieuse
Mêla les lettres d'or au deuil du marbre noir;
Mais tous ils sont gravés au céleste Eucologe.
Enfants, devant ces noms tombez à deux genoux
Et que de leurs vertus le plus parfait éloge
Soit qu'un jour ces vertus refleurissent en vous !

Abbé Druot.

Le Père Besson au Collège catholique

« Quand Dieu forma le cœur de l'homme,
Il y mit d'abord la liberté. » (Bossuet.)

I.

Je voudrais honorer d'un hommage sincère
Le maître dévoué dont le grand souvenir
Plane encor sur ces lieux, comme celui d'un père,
Et nous rappelle à tous un nom cher à bénir.
Pour d'autres, il était le roi de l'éloquence,
A tous les orateurs il servait de leçon,
Mais pour ses écoliers, toujours plein d'indulgence,
Au collège, avant tout, c'était le Pèr' Besson.

II.

Homme d'esprit, Gaulois caustique,
Faisant jaillir, comme un éclair,
Le trait malin, le mot comique,
Parfois légèrement amer.
Pourtant point de fiel dans son âme ;
Et quand il craint d'avoir blessé,
C'est lui qui verse le dictame
Sur le cœur qu'il aurait froissé.

III.

C'est pour les petits du collège,
Qu'il a des trésors de bonté.
Quand ils sont punis, il abrège
Les heures de sévérité ;
Des rigueurs de la discipline
Il semble parfois s'alarmer :
Par une tisane anodine
Il remplace un breuvage amer.

IV.

Il aime à partager les fêtes
De sa famille d'écoliers ;
Il aime à couronner leurs têtes
Avec les rameaux de lauriers.
Ce sont là ses jours d'allégresse
Mais il en est d'autres aussi
Où du bon maître la tendresse
N'est pas exempte de souci.

V.

Telle est l'époque mémorable
Que redoutent les candidats.
Pour leur être plus secourable,
Il s'associe à leurs combats.
Tous les soirs, près de chaque élève,
Il se pose en répétiteur,
S'appliquant, sans repos ni trêve,
A rendre plus doux son labeur.

VI.

Si le candidat fait naufrage,
Le Père trouve dans son cœur
De quoi lui rendre le courage,
Et d'un vaincu faire un vainqueur.
Et c'est ainsi qu'un maître habile
Relève un esprit abattu,
Et peut rendre un échec utile
En le transformant en vertu.

VII.

Lorsque la mort inexorable
Chez nous multiplia ses deuils,
Alors, sur un ton lamentable,
Le Père, devant ces cercueils,
Nous jetait du haut de la chaire
Des accents mêlés de ses pleurs
Qui semblaient venir du Calvaire,
Le siège des grandes douleurs.

VIII.

Il fut vraiment partout un père
Pour les âmes qu'il gouvernait,
Il savait ne pas trop déplaire
Même à ceux qu'il réprimandait.
Sous son influence bénigne
Ont grandi des hommes de choix
Toujours fidèles à la ligne
De catholique et de Comtois.

Chanoine Suchet.

Arrestation d'un voyageur aux portes de Besançon

C'était en mil huit cent cinquante-deux, je crois ;
Peut-être bien en mil huit cent cinquante-trois.
L'intérêt du récit ne tient pas à la date.
Semper ad eventum festina. Je me hâte,
Comme Horace le veut, d'en arriver aux faits.

Un jeune professeur, sans papiers, sans effets,
Mais portant des trésors dans son intelligence,
Arrivait un beau jour, dans une diligence,
A Besançon, à l'heure où les portes s'ouvraient.
Employés de l'octroi, gendarmes accouraient :
Les uns cherchant partout la matière imposable,
Les autres de la loi quelque gent punissable.
Ce jeune professeur était mon vieil ami
Charles Besson. Depuis Dole il avait dormi

Dans son coin, fatigué des lenteurs du voyage.
Dans la pénombre à peine on voyait son visage.
« Monsieur, dit une voix, vos papiers ? votre nom ?
Il faut savoir si vous êtes Français ou non.
Vous venez ? — De Paris. — Et vous allez ? A Baume.
On a la langue épaisse en s'éveillant. — A Rome !
Fit le gendarme, ayant mal entendu le mot.
Ce pèlerin pourtant n'a point l'air d'un dévot.
Allons, dépêchez-vous de mettre pied à terre.
Il s'agit d'éclaircir au plus tôt ce mystère.
Vos papiers ? — Mes papiers ? Ils sont tous à Paris,
A la garde, ma foi, des rats et des souris.
Je ne suis pas de ceux qui craignent votre approche.
On est sans peur alors que l'on est sans reproche.
— C'est ce que l'on va voir, répondit sèchement
Le brigadier. Il est certain signalement
D'un quidam qu'on recherche et que votre figure
Étonnamment rappelle, ainsi que votre allure ;
Grand, sec, sourcils épais, nez droit, l'air inspiré,
Cheveux bruns, longue barbe, œil vif, teint coloré.
Il grasseye et sa voix lente et grave résonne.
Tous ces signes, Monsieur, sont en votre personne.
Vous riez, comme il rit malicieusement
De tout, de l'Empereur et du gouvernement.
— Ah ! je ne croyais pas posséder tant de charmes !
Vous me rendez confus, estimables gendarmes.
Mais si vous me prenez pour un conspirateur,
Messieurs, vous m'accordez un trop insigne honneur.
— Nous ne plaisantons pas, Monsieur, et la police
N'entend point qu'on la raille au cours de son service.
C'est au nom de la loi que nous vous arrêtons.
Si vous êtes prudent, respectez nos boutons !
Trêve une fois pour tout à la plaisanterie ;
On ne rit pas en vain à la gendarmerie.
Vous êtes sans papiers. Vous vous nommez ? — Besson.
— Vous allez, dites-vous, à Rome ? — Erreur de son !
Je vais à Baume, à Baume où m'attend ma famille.
A qui donc, en dormant, ai-je cherché castille ?
Pourquoi....? — Chut ! Vous allez à Baume. Pouvez-vous
Nous dire seulement le nom connu de tous,

Le nom du capitaine auquel dans cette ville,
Où siege un tribunal de justice civile,
Appartient aujourd'hui le haut commandement
De tout le personnel de l'arrondissement ?
Vous devez le connaître ? — Hélas ! non ; je l'ignore.
Mais quel qu'il soit, ce chef, comme vous je l'honore.
Je suis certain qu'il est de tous très respecté ;
Qu'on le craint et qu'il fait aimer l'autorité.
J'ai toujours estimé beaucoup vos frères d'armes,
Ennemis comme moi des cris et des vacarmes.
Ce sont de bons enfants, très correctement mis ;
Quand j'en aurai le temps, j'en ferai mes amis.
— Merci, Monsieur, merci ! Vous manquez votre effet.
— A Baume, je connais très bien le sous-préfet,
Reprend le voyageur, et même je puis dire,
Si pour vous satisfaire un détail peut suffire,
Qu'il est homme d'esprit ; qu'il se nomme Champin
Et qu'il est depuis peu devenu mon cousin.
— Assez ! On la connaît aussi cette ficelle.
Avec votre cousin, vous nous la baillez belle.
Tous ceux que l'on arrête, ainsi que vous, suspects,
Se prétendent cousins de quelques sous-préfets.
Votre astuce vous nuit, et gâte votre affaire.
A cette question sachez mieux satisfaire :
Voyons. Connaissez-vous quelqu'un à Besançon
Qui répondrait de vous comme honnête garçon ?
De nombreux habitants cette ville est pourvue.
Vous ne répondez rien ? Chez qui ? Dans quelle rue
Avez-vous un ami ? Nous vous y conduirons ;
Sinon, mon beau Monsieur, nous vous enchaînerons.
— Eh bien ! puisqu'il le faut, j'avoue avoir un frère
Éminent directeur d'un collège prospère ;
Et je vous l'apprendrais, si vous ne le saviez ;
C'est l'établissement de Saint-François-Xavier.
Oui, de l'abbé Besson, je suis le frère, dis-je.
Je n'ai pas comme lui le don d'être un prodige ;
Mon destin ne fut pas heureux comme le sien ;
Je ne suis rien, pas même académicien.
L'abbé ne me verrait pourtant pas sans alarmes,
Arriver à sa porte escorté de gendarmes.

— D'un mensonge nouveau ceci nous a bien l'air ;
Mais nous pourrons sur l'heure en avoir le cœur clair ;
Oui, dit le brigadier, que le ciel vous protège !
Nous allons de ce pas vous conduire au collège. »
En voyant amener, ainsi qu'un malfaiteur,
Monsieur Charles Besson, frère du directeur,
Le portier se dérobe, et monte avec détresse
Chez l'abbé qui sortait pour aller à la messe.
Notre abbé dans la cour arrive avec effroi,
Voit son frère de loin : « Charles ! dit-il, c'est toi ?
Les gendarmes ici t'amènent ! Qu'est-ce à dire ?
Messieurs, qu'a fait mon frère ? » Aussitôt, et sans rire,
Le brigadier s'excuse en disant : « Le motif
Qui par erreur m'a fait prendre pour objectif,
Comme conspirateur, un homme respectable,
C'est un signalement fait sans doute à la diable ;
Car Monsieur étant bien, ainsi qu'il nous l'a dit,
Votre frère, il est sûr qu'il n'est point un bandit. »
Alors en saluant l'officier de police,
Le révérend abbé redit avec malice
Ce refrain déjà vieux, mais toujours de saison :
« Brigadier, vous avez raison. »

Ch. THURIET.

CIRCULAIRE ANNONÇANT LA FÊTE DU CINQUANTENAIRE

Monsieur et cher Camarade,

Notre circulaire du 9 juillet dernier annonçait la fête du Cinquantenaire du Collège et la réunion annuelle des anciens élèves pour *le lundi 3 décembre prochain.* Nous vous rappelons aujourd'hui cette date, et nous vous adressons en même temps une pressante invitation à venir vous joindre à nous dans la circonstance toute particulière des Noces d'or de notre cher Collège.

Beaucoup d'adhésions spontanément envoyées par des camarades restés pendant longtemps sans aucun rapport soit avec l'École Saint-

François-Xavier, soit avec notre Association, nous autorisent dès maintenant à compter, pour notre fête de famille, sur une assistance considérable qui représentera toutes les époques du Collège depuis son origine.

La journée du Cinquantenaire, à la préparation de laquelle des initiatives intelligentes et dévouées ont apporté leur concours et dont Mgr l'Archevêque de Besançon a bien voulu accepter la présidence d'honneur, comprendra plusieurs parties.

A dix heures du matin, un ancien élève célébrera, dans la chapelle du Collège, une messe basse à l'issue de laquelle Mgr Petit prononcera un discours.

A midi, tous les invités seront réunis dans un banquet présidé par un élève de l'année de la fondation, M. Meynier, médecin principal de l'armée territoriale.

Le soir, à la demande du Comité, un grand concert sera donné dans la salle de la rue Ronchaux.

Nous espérons que ces indications, si courtes cependant, vous détermineront à répondre par une démarche à notre cordiale invitation. Nous serons heureux de vous revoir parmi nous, apportant à vos anciens maîtres — et à leurs successeurs — l'hommage d'un respectueux attachement, et à vos camarades d'autrefois l'assurance d'un fidèle souvenir de sympathie.

Agréez, Monsieur et cher camarade, l'expression de nos sentiments dévoués.

Le Secrétaire, A. SAILLARD,
Avocat.

Le Président, F. LOUVOT,
Curé de Saint-Claude-Besançon.

Les Membres du Comité : Charles ALEXANDRE; Gaston DE BEAUSÉJOUR, ancien capitaine d'artillerie; Paul BONNET, négociant; Louis BOURDIER, capitaine au 4e régiment d'artillerie; l'abbé GUILLEMIN, curé-doyen de Luxeuil; Henri HEITZ, notaire; Joseph JACQUARD, marchand tailleur; Paul JACQUIN, imprimeur, trésorier de l'Association; Bernard MALLIÉ; André THIBAULOT, lieutenant breveté au 3e zouaves, attaché à l'état-major du 7e corps d'armée; l'abbé WALZER, curé-doyen de Grandfontaine.

Programme des fêtes du Cinquantenaire

10 heures. Messe basse, suivie d'une allocution de Mgr Petit, archevêque de Besançon.

11 heures. Assemblée générale.

Allocution de M. l'abbé Louvot, président de l'Association des Anciens élèves.

Rapport de M. Antoine Saillard, secrétaire.

Rapport de M. Paul Jacquin, trésorier.

Midi. Banquet présidé par M. le docteur Meynier, médecin principal de l'armée territoriale, officier de la Légion d'honneur.

Mgr l'Archevêque y assistera.

8 heures du soir (salle de la rue Ronchaux). Grand concert vocal et instrumental, avec le concours de plusieurs éminents artistes. Les cartes d'entrée et le programme complet seront distribués après le banquet.

Nota. — Les Anciens Élèves du Collège, inscrits ou non dans l'Association, sont invités à assister aux fêtes du Cinquantenaire.

La cotisation est fixée à 5 fr.

PROCÈS-VERBAUX

Séance du Comité du 5 juillet 1900

Présents : le R. P. Lucas, président honoraire, supérieur du Collège; M. l'abbé Louvot, vice-président; MM. l'abbé Valzer, l'abbé Guillemin, Bourdier, Jacquard, Heitz, Thibaulot, Paul Jacquin, Charles Alexandre, Antoine Saillard, membres du Comité.

Le procès-verbal de la dernière réunion est lu et adopté.

Il est décidé à l'unanimité que l'année 1900, marquant le cinquantième anniversaire de la fondation du Collège, et l'Association, d'accord avec le R. P. Lucas, ayant l'intention d'organiser à cette occasion une fête solennelle spéciale, celle-ci devra être confondue avec la réunion générale annuelle et renvoyée, pour permettre à un plus grand nombre de maîtres et d'élèves anciens d'y assister, au 3 décembre, jour de la fête patronale de saint François-Xavier. La présidence du banquet a été acceptée par M. le docteur Meynier, l'un des premiers élèves du Collège et ancien président de notre Association.

Une nouvelle séance du Comité aura lieu auparavant, dans la seconde quinzaine du mois d'octobre.

Une somme de 50 fr. est ensuite votée pour le prix dit des anciens élèves et une allocation de 200 fr. est accordée pour secours divers.

La séance est levée à dix heures.

Le Secrétaire, Ant. SAILLARD.

Séance du Comité du 9 novembre 1900

La séance est ouverte à huit heures et demie du soir, au parloir du Collège, sous la présidence de M. le chanoine Louvot, président annuel.

Étaient présents : le R. P. Lucas, supérieur, président honoraire ; l'abbé de Beauséjour, vicaire général, vice-président; MM. l'abbé Valzer, Jacquard, Heitz, l'abbé Guillemin, Jacquin, Bernard Mallié, Antoine Saillard, membres du Comité.

Excusé : M. Alfred Boysson d'École, vice-président.

Le procès-verbal de la dernière séance est lu et adopté.

Il est décidé ensuite à l'unanimité que Mgr l'archevêque de Besançon sera spécialement invité à prendre part à la fête et au banquet du 3 décembre, ainsi que MM. les membres du Comité constitué en 1895 pour s'occuper de la réorganisation du Collège catholique.

Les bulletins d'invitation à la réunion du cinquantenaire seront préparés par les soins du bureau, signés de tous ses membres et de ceux du Comité et envoyés, dans la mesure la plus large, aux anciens professeurs et élèves du Collège connus, faisant ou non partie de l'Association.

Quant au programme de la journée, il sera ainsi arrêté :

10 heures. — Messe par M. l'abbé Janier-Dubry, curé de Bouclans.

Allocution de Mgr l'Archevêque.

11 heures 1/4. — Assemblée générale statutaire.

Midi. — Banquet.

8 heures. — Concert dans la salle du Cercle catholique, rue Ronchaux.

Les cartes pour le concert seront distribuées au banquet.

Un crédit de 800 fr. est ouvert au bureau sur la caisse de l'Association pour l'organisation du banquet et des fêtes.

Sont choisis ensuite pour être proposés à l'élection de l'assemblée générale, comme membres du Comité, en remplacement de MM. l'abbé Valzer, capitaine Bourdier, Henri Heitz, Bernard Mallié, membres sortants :

MM. Alfred CHOUFFE, avoué.
     Jean SAINT-MARTIN, étudiant.
     Joseph PERRIN, avoué.
     Jules DUFAY, notaire.
     L'abbé Robert MAIROT.
     Louis BAILLE, artiste peintre.
     Auguste GUILLEMIN, inspecteur d'assurances.
     Gaston OLIVIER, médecin-major.

La séance est levée à dix heures.

Le Secrétaire, Ant. SAILLARD.

État de la caisse au 3 décembre 1900

RECETTES

Solde espèces du dernier exercice	1,895 fr. 05	
Recettes diverses	1,129 »	3,024 fr. 05

DÉPENSES

Prix des anciens élèves	50 »	
Allocations à des élèves	200 »	
Banquet	504 »	1,177 15
Dépenses diverses	423 15	

Excédent en caisse		1,846 90
5 obligations de la Société du Collège		500 »
Valeur d'un titre de 12 fr. de rente 3 %		403 90
Total de l'avoir		2,750 fr. 80

A l'issue de l'Assemblée générale, ont été élus membres du Comité de l'Association : MM. Louis BAILLE, abbé MAIROT, Gaston OLIVIER, Jean SAINT-MARTIN.

TROISIÈME PARTIE

Liste des membres
DE L'ASSOCIATION DES ANCIENS ÉLÈVES
ET NÉCROLOGE

JUIN 1901

LISTE DES MEMBRES

S. G. Mgr Petit, archevêque de Besançon, *président d'honneur*.
Le R. P. Supérieur du collège Saint-François-Xavier, *président honoraire*.

MEMBRES D'HONNEUR

Le R. P. Léon, supérieur de l'Institution Saint-Sauveur, à Redon (Ille-et-Vilaine).
Le R. P. dom Guerrin, sous-procureur à la Grande-Chartreuse, par Saint-Laurent-du-Pont (Isère).

MEMBRES HONORAIRES

(ANCIENS PROFESSEURS)

S. G. Mgr Theuret, évêque de Monaco.
MM. Chevennement (l'abbé), curé de Nods (Doubs).
Cattet (l'abbé), curé de Déservillers (Doubs).
Chenoz (l'abbé), curé de Sancey-le-Grand (Doubs).
Chognard (l'abbé), curé-doyen de Maîche.
Coffin (le chanoine), aumônier des Frères de Saint-Claude, à Besançon.
Cointet (l'abbé), curé de Landresse, par Pierrefontaine (Doubs).
Copey (l'abbé), curé de Velle-le-Châtel, par Traves (Haute-Saône.)
Le R. P. Coyer, aumônier, 75, rue Denfert-Rochereau, Paris.
Drouhard (l'abbé), chanoine titulaire, 125, Grande-Rue, Besançon.
Favret (l'abbé), à Mailley (Haute-Saône).
Favrot (l'abbé), curé-doyen d'Ornans (Doubs).
Favrot, Jules (l'abbé), curé de Scey-en-Varais (Doubs).
Feuvrier (le chanoine), curé-doyen de Montbéliard (Doubs).
Fleury (l'abbé), curé d'Étalans, canton de Vercel (Doubs).
Fourel (le R. P.), 75, rue Denfert-Rochereau, Paris.
Lefeuvrier (le R. P.), supérieur du collège diocésain de Valognes (Manche).

Loviat (le chanoine), curé de Saint-Maurice, à Besançon.
Mabile (l'abbé), curé de They-et-Sorans, par Rioz (Haute-Saône).
Mercier (l'abbé), professeur, à Versailles.
Mercier (l'abbé), curé d'Arcey (Doubs).
Millot (l'abbé), curé de Noël-Cerneux (Doubs).
Moussard (l'abbé), chanoine titulaire, rue des Martelots, 8, à Besançon.
Pasteur (l'abbé), curé de Pouilley-les-Vignes, par Audeux (Doubs).
Le R. P. Pihéry, 75, rue Denfert-Rochereau, Paris.
Premat (l'abbé), professeur au petit séminaire de Marnay (Haute-Saône.)
Rain (l'abbé), chanoine titulaire de la cathédrale, allées de Meilhan, 29, à Marseille.
Le R. P. Regnault, 75, rue Denfert-Rochereau, Paris.
Rigny (le chanoine), ancien curé de Saint-Pierre, à Besançon.
Rousselet (l'abbé), ancien curé de Septfontaines, à Bouverans (Doubs).
Suchet (l'abbé), chanoine titulaire, rue Casenat, à Besançon.
Verney (l'abbé), curé de Chauvirey-le Châtel (Haute-Saône).
Vitry (l'abbé), curé de Mailleroncourt-Saint-Pancras, par Vauvillers (Haute-Saône).
Les professeurs actuels du collège Saint-François-Xavier.

MEMBRES ACTIFS

Adam, Henri, Grande-Rue, 44, à Besançon.
Aiglepierre (d'), à Arbois (Jura).
Alexandre, Charles, avocat, à Besançon.
Antoine, Louis, ancien avoué, 2, rue Moncey, à Besançon.
Arnoulx de Pirey, Albert, Maizières, par Ornans (Doubs).
Arnoulx de Pirey, Henri, missionnaire en Cochinchine.
Aubert, Xavier, 56, rue du Havre, à Dijon.
Avout (d'), Auguste, capitaine au 27e régiment d'infanterie, à Dijon (Côte-d'Or).
Baille (l'abbé), Louis, Pontificio Collegio Ecomano, à Agnani, campagne de Rome (Italie).
Baille, Louis, artiste peintre, rue Mégevand, 1, à Besançon.
Baille, Simon, vice-consul d'Italie, Grande-Rue, 41, à Besançon.
Baille, Victor, capitaine au 1er régiment d'artillerie, à Bourges.
Baille, Julien, avocat, à Lons-le-Saunier (Jura).
Bailly, Adolphe, rue Thénard, Paris.
Bailly, Fernand, lieutenant au 8e chasseurs à cheval, à Auxonne.
Barbier, Georges, notaire, à Villersexel (Haute-Saône).
Barret (l'abbé), curé de Devecey, par Voray-sur-l'Ognon (Haute-Saône).
Barraux, Gabriel, sous-officier au 95e de ligne, 14, rue Marin, à Auxonne.
Barthet, maire de Cendrey (Doubs).

Baulet, James, juge suppléant, à Langres.
Bauzon, Jean-Baptiste, clerc de notaire, place d'Armes, Belfort.
***Beauséjour (de)**, Paul (le chanoine), vicaire général, à l'archevêché de Besançon.
Beauséjour (de), Eugène, ancien magistrat, à Chilly-le-Vignoble, près Lons-le-Saunier (Jura).
Beauséjour (de), Gaston, ancien capitaine d'artillerie, à Motey-Besuche, par Montagney (Haute-Saône).
Beauséjour (de), Henri, avocat, à Vesoul (Haute-Saône).
Beauséjour (de), Louis, ✻, capitaine au 11e chasseurs à cheval, à Vesoul.
Bérard, André, capitaine au 16e bataillon de chasseurs, à Lille (Nord).
Bernard, Paul, ✻, chef de bataillon au 96e régiment d'infanterie (Lyon).
Bernard, docteur en médecine, rue du Lycée, 6, Besançon.
Bernard, étudiant, rue du Lycée, 6, Besançon.
***Bernoux**, Henri, rue Mégevand, 15, Besançon.
Berthelot, Louis, docteur en médecine, à Pontarlier (Doubs).
Biarnois, Paul, lieutenant au 60e de ligne, rue Saint-Vincent, à Besançon.
Bijasson (l'abbé), curé de Montseugny, canton de Pesmes (Haute-Saône).
Billon, Albert (docteur), chirurgien à l'Hôtel-Dieu, à Dole (Jura).
Blanc, Gabriel, rue de Lorraine, 10, Besançon.
Bobillier, Léon, à Morteau.
Bobillier, Philippe, pharmacien, aux Lilas, près Paris.
Bobillier, Paul, étudiant en pharmacie, aux Lilas, près Paris.
Bonnet, Paul, négociant en bois, 15, rue Mégevand, Besançon.
Borde (de), Léon, à Pagney (Jura).
Borde (de), Henri, à Pagney (Jura).
Borde (de), Gaston, à Pagney (Jura).
Bouguet, Edmond, à Huningue (Alsace).
Bourdier, Louis, ✻, capitaine d'artillerie, 68 bis, rue Jouffroy, à Paris.
Bourgeois, Henri, négociant en vins, boulevard de Besançon, à Vesoul.
Bouton, René, juge au tribunal de Baume-les-Dames.
Bouvet, Antoine, avocat, Grande-Rue, 109, à Besançon.
Boysson d'École, Alfred, rue de la Préfecture, 22, à Besançon.
Boysson d'École, Armand, rue du Perron, à Besançon.
Boysson d'École, Georges, rue Granvelle, 7, à Besançon.
Bretillot, Léon, lieutenant au 35e régiment d'infanterie, à Belfort.
Bretillot, Jacques, rue Charles Nodier, 9 bis, Besançon.
Brizard, Paul, notaire, à Sancey-le-Grand (Doubs).
Broissia (de), Georges, capitaine d'infanterie de marine, à Maizières (Doubs).

* placé devant un nom indique que la cotisation a été rachetée.

Brugnon, Maurice, à Arc-lez-Gray (Haute-Saône).
Brulard, Georges, greffier du tribunal, rue d'Anvers, Besançon.
Buchaillet, Arlinthod, White ladies Road, Clifton-Bristol (Glocestershire, Angleterre).
Buchet (de), Édouard, à Gy (Haute-Saône).
Buffet, O. ✸, colonel en retraite, 21, rue de Béthune, Versailles (Seine-et-Oise).
Buland, agent d'assurances, Grande-Rue, 5, à Besançon.
Burlet, Auguste, à Granges-le-Bourg (Haute-Saône).
Buman (de), Henri, Grande-Rue, 55, à Fribourg (Suisse).
Callier (l'abbé), professeur au séminaire d'Ornans (Doubs).
Callier, docteur en médecine, à Granges-le-Bourg (Haute-Saône).
Camus, Léon, à Châtillon-sur-Seine (Côte-d'Or).
Carbillet, au 10ᵉ bataillon de chasseurs à pied, à Saint-Dié (Vosges).
Carrez, Léon, docteur en médecine, à Mouthe (Doubs).
Castella (de), Albert, Grande-Rue, 24, Fribourg (Suisse).
Cellard, Camille, architecte, rue Saint-Pierre, 3, à Besançon.
Cêtre (le docteur), à Fraisans (Jura).
Chalnot, ancien chef d'institution, à Membrey (Haute-Saône).
Chalnot fils, Alfred, contrôleur des contributions, à Morteau.
Chalnot, Camille, étudiant en pharmacie, à Membrey (Haute-Saône).
Chapoy, Henri, avocat, rue des Saint-Pères, 13, à Paris.
Chapoy, docteur en médecine, Grande-Rue, 11, à Besançon.
Chapoy, René, étudiant en médecine, Grande-Rue, 11, à Besançon.
Chapoy, Edmond, Grande-Rue, 11, à Besançon.
Charlot, Armand, négociant en vins, boulevard Saint-Martin, 2, à Beaune (Côte-d'Or).
Charne, Henri, élève à l'École centrale, à Orchamps (Jura).
Chassey (de), René, lieutenant de cavalerie, à Lure (Haute-Saône).
Chatelain, étudiant, à Chamesey, par Belleherbe (Doubs).
Chauvin, Paul, avocat, à Arbois (Jura).
Chouffe, avoué, à Baume-les-Dames (Doubs).
Clerc, Donat, à Doubs, près Pontarlier.
Clésinger (l'abbé), curé de la Tour-de-Sçay (Doubs).
Cœurdevey, Eugène, notaire, à Pin-l'Émagny (Haute-Saône).
Coillot, pharmacien, quai de Strasbourg, 1, Besançon.
Colard, Auguste, place Saint-Bénigne, Pontarlier.
Coligny (de), comte Raoul, au château de Chove (Haute-Saône).
Colisson, Alexandre, à Épenoy (Doubs).
Constant, Fernand, docteur en médecine, à Vittel, villa Marie-Louise, ou à Biskra (Algérie).
Cordier, Emmanuel, conseiller à la Cour d'appel, à Dijon (Côte-d'Or).
Cornet, Charles, huissier, rue de la Préfecture, 25, à Besançon.
Cottez, Edmond, 17, rue de la Préfecture, à Vesoul (Haute-Saône).

Couëdic (du), vicomte, rue de Maurepas, 12, Versailles.
Coulon, Jean, élève à l'École spéciale militaire de Saint-Cyr.
Coulon, Jules, étudiant, à Rougemont (Doubs).
Courtot, Ch., à Montchrist-Montbéliard (Doubs).
Cretin, Paul, 25, avenue de Noailles, à Lyon.
Cretin (l'abbé), curé de Malans, par Amancey (Doubs).
Cuinet (l'abbé), professeur au séminaire d'Ornans (Doubs).
Daguenet, Victor, O. ✱, médecin militaire en retraite, Grande-Rue, 44, à Besançon.
Damotte, Louis, étudiant en médecine, rue de l'Arbalète, villa Médicis, 35, à Paris.
Dartein (de), Henri, 1, rue de la Citadelle, à Besançon.
Dejean de Saint-Marcel, à Arbois (Jura).
Demandre, Hubert, château de Filain (Haute-Saône).
Derosne, Charles, maître de forges, à Ollans, par Cendrey (Doubs).
Desgachons, Charles, élève à l'École centrale, Pesmes (Haute-Saône).
Dessirier (l'abbé), curé de Mancenans, par l'Isle-sur-le-Doubs.
Destaing, Lucien, aux Forges de Saint-Hippolyte (Doubs).
Détey, médecin-vétérinaire, à Villersexel (Haute-Saône).
Devaux, Camille, corps expéditionnaire de Chine.
Devillebichot, Joseph, Aïn-el-Hadjar (Algérie).
Diesbach (de), Hubert, Villars-les-Joncs, près Fribourg (Suisse).
Diesbach (de), Raoul, La Schürraz, par Fribourg (Suisse).
Diesbach (de), Roger, —
Din, Joseph, propriétaire, à Rougemont (Doubs).
Dromard, Louis, sous-lieutenant au 29e d'infanterie, à Autun.
Druhen, Victor, industriel, Grande-Rue, 72, à Besançon.
Druhen, Maxime, Grande-Rue, 72, à Besançon.
Duchaillut, Auguste, pharmacien, rue des Granges, 20, Besançon.
Dufresne, Lucien, rue de Coligny, 1, Soissons.
Durand, Paul, avocat, rue de l'Aigle noir, Vesoul.
Emourgeon, docteur en médecine, à Pin-l'Émagny (Haute-Saône).
Épenoux (d'), Maxime, capitaine au 4e cuirassiers, Tours.
Ermelin, Gaston, sous-officier au 11e cuirassiers, Lunéville.
Euvrard, Joseph, à Bonnevent, par Gy (Haute-Saône).
*Fachard, Harold, avocat, à Vesoul.
Fagnon, Ernest, rue Battant, 42, Besançon.
Farallcq, René, rue Rivotte, 19, à Besançon.
Fiévez, Jean, Grande-Rue, 64, Besançon.
Fougères, Alphonse, au Deschaux (Jura).
Four, Léon, lieutenant au 19e bataillon de chasseurs, Troyes.
Franceschi, Paul, à Poligny (Jura).
Franceschi, Luc, 25, rue de la Préfecture, à Besançon.
Fumey, Eugène, attaché à la légation de France, Fez (Maroc).

Fumey, docteur en médecine, à Tanger.
Fumey, Pierre, lieutenant au 44ᵉ de ligne, Lons-le-Saunier (Jura).
Gauderon, Eugène, docteur en médecine, Grande-Rue, 123, à Besançon.
Gauderon, Joseph, au noviciat de Kerlois, par Hennebont (Morbihan).
Gauthier, Jules, ✻, archiviste du département, rue Charles Nodier, 8, à Besançon.
Gauthier, Léon, archiviste, boulevard Saint-Germain, 110, Paris.
***Gérauvillier (de)**, Paul, ✻, colonel, directeur d'artillerie, à Langres.
Gercet, Albert, à Aillevillers (Haute-Saône).
Gicot, Clément, docteur en médecine, à Boudry, près Neuchatel (Suisse).
Gillot, Jules, peintre, rue des Granges, 68, à Besançon.
Girardot, Albert, docteur en médecine, rue Mégevand, 15, Besançon.
Girardot, Georges, peintre, rue Cardinet, 48, Paris.
Girod, Louis, docteur en médecine, à Pontarlier (Doubs).
Glorget, Emmanuel, docteur en médecine, à Gray (Haute-Saône).
Glorget, Paul, à Montagney (Haute-Saône).
Goux, Pierre, noviciat des RR. PP. Jésuites, rue Lacépède, à Aix (Bouches-du-Rhône).
Granet, Paul, rue d'Anvers, Besançon (Doubs).
Grébus, Charles (l'abbé), curé de Cromary, par Voray (Haute-Saône).
Grenier, Alfred, inspecteur des forêts, à Saint-Claude (Jura).
Grisot, Ernest, rue de la Vieille-Monnaie, 1, Besançon.
Groclerc, Marcel, docteur en médecine, à Ornans (Doubs).
Gruet, Alexandre, étudiant en pharmacie, gare de Montferrand (Doubs).
Guérittot, Charles (le R. P.), dominicain, couvent d'Amiens (Somme).
Guerrin, Louis, avocat, rue de la Préfecture, 20, à Besançon.
Guichard, Henri, à Voiteur (Jura).
Guichard, Louis, pharmacien, à Gray (Haute-Saône).
Guichard, Xavier, pharmacien, à Héricourt (Doubs).
Guichard, Emmanuel, château de Robinet, par Lons-le-Saunier.
Guillemin, Léon (l'abbé), curé-doyen de Luxeuil (Haute-Saône).
Guillemin, Auguste, inspecteur d'assurances, rue du Clos, 34, Besançon.
Guillemin, Louis, propriétaire, au Chauffaud, près Morteau (Doubs).
Guillemin, lieutenant au 35ᵉ d'infanterie, à Belfort.
Halter, ✻, général commandant la 18ᵉ brigade d'infanterie, à Paris.
Heitz, Henri, notaire, 23, quai de Strasbourg, à Besançon.
Heitz, Victor, docteur en médecine, Grande-Rue, 45, Besançon.
Heitz, Paul (l'abbé), vicaire à Saint-François-Xavier, Besançon.
Henriet, docteur en médecine, à Orchamps-Vennes (Doubs).
Hermann, docteur en médecine, à Pierrefontaine (Doubs).
Hétier, Auguste, industriel, à Mesnay-Arbois (Jura).
***Hotelans (d')**, Raoul, château de Novillars, par Roche (Doubs).
Houdart, Joseph, docteur en médecine, à Pontarlier (Doubs).
Humbert, Jean, pharmacien, rue des Granges, 9, Besançon.

Isenbart, Émile, ✻, artiste peintre, à Besançon-Beauregard.
Isenbart, Léon, rue Morand, 11, Besançon.
***Jacquin**, Paul, imprimeur, rue du Lycée, 3, à Besançon.
Jacquard, Joseph, marchand tailleur, rue Pasteur, 10, à Besançon.
***Jallerange (de)**, Louis (l'abbé), chanoine titulaire, Besançon.
Janier-Dubry (l'abbé), curé de Bouclans (Doubs).
Jankowitz (de), Stanislas, capitaine au 30e dragons, Saint-Étienne.
Jannin, Georges, docteur en médecine, à Lons-le-Saunier (Jura).
Jeannerod, Alexandre, C. ✻, général commandant le 1er corps d'armée, à Lille (Nord).
Jeannerod, Joseph, C. ✻, général commandant la 41e division d'infanterie, à Remiremont (Vosges).
Jeannerod, Amédée, rue de la Préfecture, 20, à Besançon.
Jeantet, Joseph (l'abbé), directeur au grand séminaire de Besançon.
Jerrain (l'abbé), à Auxon-Dessous.
Joran, Théodore, directeur de l'École d'Assas, rue du Cherche-Midi, 34, Paris.
Joyoux, docteur en médecine, à Bourbonne-les-Bains (Haute-Marne).
Klein, Joseph, à Morteau (Doubs).
Laberne, Charles, rue de Breteuil, 65, Marseille.
Laberne, Georges, étudiant, rue Mégevand, 15, Besançon.
Lachiche, Paul, professeur de rhétorique au lycée de Belfort.
La Forêt-Divonne (de), Jean, lieutenant au 38e régiment d'infanterie, Clermont-Ferrand.
***Lagarenne**, Henri, propriétaire, à Chargey-lez-Gray (Haute-Saône).
Lagny (de), Henri, place Saint-Bernard, 8, à Dijon.
Lanchamp, Paul, docteur en médecine, Grande-Rue, 14, à Besançon.
Lanquetin, Charles, greffier en chef de la cour d'appel, Besançon.
Lanquetin, Léon, rue Saint-Antoine, 8, Besançon.
Laurent, Paul, à Plancher-les-Mines (Haute-Saône).
Laviron (l'abbé), curé de Montagney (Haute-Saône).
Leclerc, Henri, sous-lieutenant au 79e de ligne, rue de Gohier, 26, à Neufchâteau (Vosges).
Legardeur, lieutenant au 153e de ligne, à Toul (Meurthe-et-Moselle).
Legardeur, Georges, Grande-Rue, 44, Besançon.
Lescot, sous-chef de gare, à Salins (Jura).
Levain, Charles, notaire, à Jussey (Haute-Saône).
Lévêque, Julien, étudiant, à Vitteaux (Côte-d'Or).
Lhomme, Henri, à Dampierre-sur-Linotte (Haute-Saône).
Liquet, Isidore (l'abbé), curé de Corravillers, par Faucogney (Hte-Saône).
Lisa de Châteaubrun (de), château de Noironte (Doubs).
Louvet, Alfred, docteur en médecine, au Russey (Doubs).
Louvot, Arthur, ✻, chef d'escadron d'artillerie, au ministère de la guerre, 12, avenue de Lamotte-Piquet, Paris.

Louvot, Fernand (le chanoine), curé de Saint-Claude-Besançon.
Louvrier, Just, avoué, à Pontarlier.
'**Madon**, Paul, notaire honoraire, boulevard Carnot, 10, à Dijon (Côte-d'Or).
Maire, Léon, Grande-Rue, 79, à Besançon.
Maire, Victor, capitaine d'infanterie de marine, rue Mégevand, 12, à Besançon, ou à Toulon.
Maire, Élie, résident à Abomey (Dahomey).
Mairot, Félix, banquier, rue du Lycée, 3, à Besançon.
Mairot, Georges, rue de la Préfecture, 17, à Besançon.
Mairot, Robert (l'abbé), Elisabethhaus, Immenhaltstrasse, à Fribourg (duché de Bade).
Mairot, Louis, étudiant, rue du Clos, 16, à Besançon.
Mallié, Albert, propriétaire, rue de la Préfecture, 18, à Besançon.
Mallié, Henri, propriétaire, — —
Mallié, Bernard, — —
Mallié, André, ingénieur aux forges d'Audincourt (Doubs).
Mallié, Paul, rue de la Préfecture, 28, à Besançon.
Mallié, Raymond, sous-lieutenant au 35e de ligne, à Belfort.
Mallié, Charles, officier de cuirassiers, 11e régiment, à Lunéville.
Mallié, Joseph, ingénieur chimiste, rue de la Préfecture, 28, à Besançon.
Mallié, Robert, sous-officier au 11e hussards, à Belfort.
Mallié, Louis, École Saint-Sigisbert, à Nancy.
Marc, Frédéric, chef d'escadron au dépôt de remonte, à Blidah (Algérie).
Marchand, Maurice, notaire à Champagnole (Jura).
Marion, Joseph (l'abbé), grand séminaire de Versailles.
Marion, Charles, rue du Lycée, 5, à Besançon.
Marquiset (le chanoine), curé de Saint-Ferjeux, près Besançon.
Marquiset, Alexis, sous-lieutenant d'artillerie à l'École d'application de Fontainebleau.
Marzloff, Jean, avocat, 10, rue du Cours, Pontarlier.
Marzloff, Charles, clerc de notaire, Pontarlier.
Masson, Émile, étudiant, collège Stanislas, Paris.
Mathey, Paul, 28, rue de la Rotonde, Besançon.
Maugain (l'abbé), curé de Passavant, par Baume-les-Dames.
Melcot, Maurice, rue des Granges, 1 *bis*, à Besançon.
Meynier, Joseph, O. ✱, médecin principal de l'armée territoriale, rue Ronchaux, 3, à Besançon.
Meynier, Jean, étudiant, rue Ronchaux, 3, à Besançon.
Michaud, Alexandre, avocat, rue Granvelle, 7, Besançon.
Michaud, Henri, étudiant en droit, —
Miroudot, docteur en médecine, Villersexel (Haute-Saône).
Miroudot, Pierre, 88, Grande-Rue, Besançon.
Monnier, Louis (l'abbé), école Saint-Jean, à Versailles (Seine-et-Oise).

Monnier, Charles, sous-lieutenant au 2e escadron du train des équipages, à Amiens (Somme).
Monnier, Henri, ingénieur agronome, à Naisey, par Mamirolle (Doubs).
Monnier (l'abbé), aumônier à Saint-Ferréol, près Besançon.
Monnier (l'abbé), supérieur du séminaire de Consolation, par Fuans (Doubs).
Monnot, Charles, avocat, rue de Monceau, 9, Paris.
Monnier, Émile (l'abbé), curé-doyen du Russey (Doubs).
Montenoise, Louis, avocat, rue de la Madeleine, 2, à Besançon.
Morfaux, Ernest, pharmacien, à l'Isle-sur-le-Doubs.
Morfaux (l'abbé), curé de Vellevans, par Sancey-le-Grand (Doubs).
Mouchet, professeur à la Faculté de droit, boulev. Papin, 2, à Lille (Nord).
Mourot, Albin, étudiant, à Doubs (Doubs).
Nardin, Louis, rue des Granges, 7, Besançon.
Nicolin, Jules, docteur en médecine, à Pesmes (Haute-Saône).
Niedergang, docteur en médecine, à Belfort.
Noël Le Mire, Paul, chalet de Mirevent, par Pont-de-Poitte (Jura).
Olivier, Gaston, ✶, médecin-major de 1re classe à l'hôpital mixte, rue Morand, 9, Besançon.
Olivier, Fernand, Ornans (Doubs).
Orival de Fontenelay (d') (l'abbé), chanoine prébendé, rue du Chapitre, 3, à Besançon.
Oussières (d'), Henri, à Arbois (Jura).
Painchaux, Jean, propriétaire, à Saint-Vit (Doubs).
Papillon, Armand, ✶, colonel du 1er dragons, Joigny (Yonne).
Papillon, Ernest, ancien magistrat, rue Honoré Chevalier, 4, à Paris, ou à Liesle (Doubs).
Papillon, Maurice, rue de Varennes, 28, Paris.
Pasteur, Henri, lieutenant au 3e bataillon de chasseurs, à Saint-Dié.
Pelletret, Jules, à Vaite (Haute-Saône).
Peron, Alphonse, au séminaire Saint-Sulpice, à Paris.
Perrenot, propriétaire, à Huanne (Doubs), ou ingénieur aux forges de Baulac, près Bazas (Gironde).
Perrin, François, à l'école de santé militaire, à Lyon.
Perrin, Joseph, avoué, rue Moncey, 12, Besançon.
Perrin, Louis, Montmirey-la-Ville (Jura).
Perrot (l'abbé), curé-doyen de Servance (Haute-Saône).
Petelin (le chanoine), aumônier de la Visitation, à Ornans.
Petit, Louis, à l'École de Saint-Cyr.
Petitclerc, Paul, géologue, rue de l'Aigle noir, à Vesoul.
Petitjean, Charles (l'abbé), curé des Fins, par Morteau (Doubs).
Pingaud, Léonce, ✶, professeur d'histoire à l'Université, rue Mégevand, 17, à Besançon.
Pinguet, docteur en médecine, à Choye (Haute-Saône).

Pointener, Charles, sous-lieutenant au 79e de ligne, à Nancy.
Prince, Antoine, à Neublans (Jura).
Prince, Henri, 29, rue Charles Nodier, à Besançon.
Priquet, Lucien, à Héricourt (Doubs).
Putod, Georges, à Mouthier-Hautepierre (Doubs).
Py, Amédée, ancien magistrat, à Melisey (Haute-Saône).
Reboud, Paul, industriel, Plancher-les-Mines (Haute-Saône).
Ricard, Eugène, négociant, à Dijon (Côte-d'Or).
Riffaut (l'abbé), curé d'Aillevillers (Haute-Saône).
Ripps (l'abbé), curé d'Arc-lez-Gray (Haute-Saône).
Rith, Léon, ingénieur, 43, rue Legendre, à Paris.
Robert, Henri, ancien magistrat, à Domblans (Jura).
Robinet, Paul, Montagney (Haute-Saône).
Roland, Paul (l'abbé), Collège catholique, Besançon.
Rondot, Louis, docteur en médecine, à Membrey, par Vaîte (Haute-Saône).
Rotalier (de), Maurice, enseigne de vaisseau, à bord du *Lion*, division de l'extrême Orient.
Rotalier (de), Louis, lieutenant au 30e régiment d'artillerie, 43 *bis*, rue Saint-Marc, Orléans (Loiret).
Rotalier (de), Ernest, école Sainte-Geneviève, 18, rue Lhomond, à Paris.
Rotalier (de), Pierre, école Sainte-Geneviève, 18, rue Lhomond, à Paris.
Rousseau, Henri, lieutenant au 21e bataillon de chasseurs, à Montbéliard.
Roy, Léon, étudiant, Grande-Rue, 88, Besançon.
Roy, Jules, professeur à l'École des Chartes, à Paris.
Saillard, Antoine, avocat, Grande-Rue, 86, Besançon.
Saillard, Emmanuel, rue des Docks, Chaprais-Besançon.
Saillard, Henri, lieutenant au 79e d'infanterie, Nancy.
Saillard, André, étudiant, école Saint-Sigisbert, Nancy.
Saillard, Joseph, notaire, à Saint-Rambert-en-Bugey (Ain).
Saint-Martin, Jean, rue Saint-Antoine, 8, Besançon.
Saint-Martin, Henri, au séminaire de Saint-Sulpice, Paris.
Sarrazin, Francis, étudiant, Laissey (Doubs).
Scholer, Benjamin, Bartenheim (Alsace).
Sémon, Paulin, ✱, capitaine au 81e d'infanterie, Rodez (Aveyron).
Sériot, Antonin, propriétaire, à Tunis.
Siffrédy (de), Léon, château d'Arc-et-Senans (Doubs).
Simonin, avoué, à Pontarlier.
Simonnot (l'abbé), curé de Membrey (Haute-Saône).
Sonnois (le chanoine), Albert, vicaire général, à l'archevêché de Cambrai.
Sonnois, Gustave, C. ✱, général commandant le 4e corps d'armée, au Mans.
Stegmann fils, à Luxeuil.
Storm, Léon, soldat au 28e de ligne, Rouen.
Storm, Joseph, à Romilly-sur-Andeulle (Eure).

Sulger, étudiant, à Nancy.
Thaler, Frantz, lieutenant au 5e d'artillerie, rue de Lorraine, Besançon.
Thaler, Henri, à Cirey-lez-Bellevaux (Haute-Saône).
Thibaulot, André, capitaine d'infanterie breveté, attaché à l'état-major du 7e corps, rue Granvelle, Besançon.
Thouret (l'abbé), Maurice, directeur au grand séminaire, Besançon.
Toytot (de), Louis, à Rainans (Jura).
Toytot (de), Paul, lieutenant d'infanterie, à l'école de guerre, Paris.
Tricornot (de), Adrien, château de Saulles, par Bussières-lez-Bellemont (Haute-Marne).
Tricornot (de), Henri, officier de cavalerie, à Gray.
Turlin (l'abbé), Henri, professeur au Collège catholique, Besançon.
Vagneux, Edmond, collège Stanislas, Paris.
Verdant, Joseph, au Russey (Doubs).
Vieillard, Jean-Baptiste, à Franois.
Vincent, Émile, à Haut-Villevieux, par Bletterans (Jura).
Virieu (de), comte Raoul, colonel du 27e régiment d'infanterie, à Dijon.
Vitte (l'abbé), Auguste, professeur au petit séminaire de Luxeuil (Haute-Saône).
Voitot, Ferdinand, capitaine de santé, Ajaccio (Corse).
Von der Weid, René, Grande-Rue, 14, Fribourg (Suisse).
Vregille (de) (le chanoine), curé de Saint-François-Xavier, Besançon.
Walzer (l'abbé), curé-doyen de Grandfontaine, par Saint-Vit (Doubs).
Wattelet, Adéodat, avocat, à Gray (Haute-Saône).
Wonner, Augustin, à la Mouillère, Chaprais-Besançon.
Zislin, Auguste (l'abbé), curé d'Échenzwiller (Alsace).

Les modifications ou rectifications doivent être adressées au secrétaire de l'Association, 86, Grande-Rue, à Besançon.

PRÉSIDENTS DE L'ASSOCIATION

(DEPUIS SA FONDATION, 4 SEPTEMBRE 1876)

1877 Joseph **Meynier**, médecin militaire.
1878 Léonce **Pingaud**, professeur d'histoire.
1879 Louis **Guerrin**, avocat.
1880 Paul **Levain**, notaire.
1881 Eugène **Gauderon**, docteur en médecine.
1882 Alexandre **Michaud**, avocat.
1883 Augustin **Fournier**, docteur en médecine.
1884 Ernest **Papillon**, ancien magistrat.
1885 Lionel **de Rotalier**.

1886 Julien **Bailly**, avocat.
1887 Eugène de **Beauséjour**, ancien magistra
1888 Charles **Derosne**, maître de forges.
1889 Jules **Gauthier**, archiviste.
1890 Victor **Daguenet**, médecin militaire.
1891 Paul **Lanchamp**, docteur en médecine.
1892 Antoine **Saillard**, avocat, docteur en droit.
1893 Charles **Levain**, avoué.
1894 Maurice **Papillon**, avocat.
1895 Louis **Vuillecard**, ancien notaire.
1896 De **Beauséjour** (le chanoine), vicaire général.
1897 Alfred **Boysson d'École**.
1898 Alfred **Boysson d'École**.
1899 Alfred **Boysson d'École**.
1900 L'abbé **Louvot**, curé de Saint-Claude-Besançon.

LAURÉATS DU PRIX DONNÉ PAR LES ANCIENS ÉLÈVES

(FONDÉ PAR L'ASSOCIATION EN 1878)

1878 Léopold **Goguillot**, de Flangebouche.
1879 Henri **Girod**, de Barges (Haute-Saône).
1880 Édouard **Pertusier**, de Besançon.
1881 Henri **Guichard**, de Besançon.
1882 Antoine **Saillard**, de Besançon.
1883 Joseph **Devilleblohot**, de Besançon.
1884 Clément **Gicot**, du Landeron (Suisse).
1885 Georges **Jannin**, de Châtel-Blanc (Jura)
1886 Paul **Durand**, de Vesoul (Haute-Saône)
1887 Louis **Monnier**, de Besançon.
1888 Edmond **Callier**, de Besançon.
1889 Félix **Mairot**, de Besançon.
1890 Paul **Roland**, de Gray (Haute-Saône).
1891 Alexandre **Ménettrier**, de Besançon.
1892 Henri **Rousseau**, d'Avallon (Yonne).
1893 Henri **Saillard**, de Besançon.
1894 Fernand **Olivier**, d'Ornans.
1895 Henri **Adam**, de Besançon.
1896 Maurice **Thouret**, de Pont-de-Roide.
1897 Auguste **Colard**, de Pontarlier.
1898 Joseph **Gauderon**, de Besançon.
1899 Jean **Coulon**, de Besançon.

NÉCROLOGE

1888

S. G. Mgr **Besson**, évêque de Nimes, ancien supérieur du Collège.
M. l'abbé **Laresche**, ancien professeur, membre honoraire.

1889

M. l'abbé **Devaux**, ancien professeur, membre honoraire.
M. l'abbé **de Matherot**, curé de Rochefort (Jura).
M. Alcide **Rondot**, ancien avoué, à Besançon.
M. **Chevennement**, négociant, à Laissey (Doubs).

1890

Le R. P. **Marie**, prêtre eudiste, ancien supérieur du Collège.
M. Louis **Monnier**, pharmacien, à Besançon.
M. Henri **de Rotalier**, propriétaire, à Conflans-sur-Lanterne.
M. Henri **de Rotalier**, élève à l'école spéciale militaire de Saint-Cyr.
M. Maurice **Demolombe**, à Besançon.

1891

M. Édouard **Pertusier**, à Morteau.
M. Paul **Michaud**, surnuméraire d'enregistrement, à Nancy.
M. l'abbé **Balandret**, ancien professeur, membre honoraire.
M. l'abbé **Barbier**, curé de Mailleroncourt-Charrette.

1892

M. **Fricker**, Henri, ancien notaire, à Besançon.
M. **Blanchot**, Henri, docteur en médecine, à Grandvelle (Haute-Saône).
M. **Arnaud**, professeur de musique au Collège catholique, membre honoraire.
M. l'abbé **Ferriot**, licencié en droit, élève du grand séminaire de Besançon.

1893

S. G. Mgr **Ducellier**, archevêque de Besançon, président d'honneur de l'Association.
M. l'abbé **Garret**, curé de Genevrey (Haute-Saône).
M. Lionel **de Rotalier**.
M. René **Simon**, étudiant, à Besançon.
M. Paul **de Liniers**.
M. l'abbé **Viennet**, curé de Bonnevaux (Doubs), membre honoraire.

1894

M. **Latruffe**, notaire, à Roulans (Doubs).
M. **Franceschi**, professeur de dessin au Collège catholique, membre honoraire.
M. l'abbé **Chaboz**, curé du Russey, membre honoraire.
Le R. P. **Villeneuve**, prêtre eudiste, professeur au Collège catholique, membre honoraire.
M. Paul **Monnier**, directeur d'imprimerie, secrétaire de l'Association.
M. Léon **Poulet**, négociant, à Salins.
M. l'abbé Charles **Monnier**, curé de Quingey.
M. Marcel **Derosne**.

1895

M. Camille **Bourgoin**, ancien conseiller de préfecture, à Dijon.
M. Gaston **Perronne**, chef d'escadron d'artillerie.
M. le docteur Ignace **Druhen**, membre d'honneur.

1896

R. P. **Cochet**, ancien professeur.
M. l'abbé **Cizel**, curé de Navenne.
M. Gabriel **Mallié**, élève de l'école de commerce du Havre.
R. P. **Boullé**, ancien professeur.
M. **Welter**, Joseph, Vieux-Thann (Alsace).

1897

M. Louis **Vuillecard**, ancien notaire.
M. **Euvrard**, chef de bataillon breveté, professeur à l'École supérieure de guerre.
R. P. **Droz-Bartholet**, missionnaire.
M. **Ravier**, docteur en médecine, Morteau.

1898

M. Edmond **Charbonneaux**, huissier.
R. P. **Michel**, professeur.
M. **de Compigny**, Léon, lieutenant.
M. l'abbé **Trimaille**, curé de Rioz (Haute-Saône).
M. **de Ganay** (vicomte Octave).
M. **Coulet**, Albert, notaire.
M. **Levain**, Paul.
M. **Stainacre**, Henri.
M. **Alix**, Félix.
M. le chanoine **Jeannin**, curé de Notre-Dame, à Besançon.
M. **Tissot**, Félix, ancien magistrat, à Dole (Jura).

1899

M. l'abbé **Grenier**, vicaire à Vuillafans.

1900

M. **Mieusset**, conducteur des ponts et chaussées, en retraite, à Recologne (Doubs).

1901

M. **Teste de Sagey**, Gabriel, propriétaire, à Ornans.
M. l'abbé **Grandvoinnet**, curé des Gras (Doubs), membre honoraire.
M. l'abbé **Lochardet**, curé d'Amondans (Doubs), membre honoraire.

R. I. P.

BESANÇON. — IMPRIMERIE DE PAUL JACQUIN.

www.ingramcontent.com/pod-product-compliance
Lightning Source LLC
LaVergne TN
LVHW021006090426
835512LV00009B/2105